종이 비행기에 사랑을 보낸다

글 이수원 | 그림 이상예

종이 비행기에
사랑을 보낸다

누구에게나 있을 법한 내 삶에 관한 이야기이지만

Send Love

동양북스

목차

아름다운 이름 ... 7	아기의 미소가 주는 행복 ... 42
복 있는 사람 ... 11	나는 행복한 사람 ... 46
연재가 태어나길 기다리며 ... 15	세발자전거의 추억 ... 55
연재의 모습을 보면서 ... 18	빨간 물뿌리개 ... 65
연재는 누구를 닮았을까? ... 21	엉터리 골목 대장을 추억하다 ... 71
어머니란 존재의 위대함 ... 25	넷째 손가락의 비밀 ... 83
낙천적이고 헌신적인 스승님 ... 29	피란민 초등학교 시절 ... 89
따뜻한 기억으로 남아 있는 피란 시절 ... 34	잊지 못할 유년의 크리스마스 ... 97

내 고향의 겨울	111	그리운 누이동생 정송이	183
밴드부 시절 1	118	뜻과 길 1	188
밴드부 시절 2	125	뜻과 길 2	195
잊지 못할 서울 나들이	135	아버님과 명심보감	207
잊지 못할 등산의 기억	148	선생님으로서의 나의 누님	218
나의 첫사랑	155	잊지 못할 은사님	225
밴드부 시절 3	162	풍수지탄風樹之嘆	239
머나먼 이국에서 전사한 19살 병사의 어머니	175	이수원을 말한다	249

세상에서 가장 아름답고 소중한 것은
보이거나 만져지지 않는다.
다만 가슴으로만 느낄 수 있다.

The best and most beautiful things in the
world cannot be seen or even touched. They
must be felt within the heart.

- Helen Keller -

1 아름다운 이름

(아들 며느리에게 보내는 편지 중에서)

혜원, 성호 보아라:

    태어날 아이의 이름을 어떻게 지을까 고민한 날들이 두 달이 되어 가더구나. 나는 작명에 열중해서 그런지 며칠밖에 안 된 것 같은데 말이다. 그런데 혜원이는 일 년은 된 것 같다고 하는데, 너희 부부에게 내가 괜한 고민을 안겨준 모양이다.

    이름은 부르기 편하고, 뜻이 좋으면 되겠건만, 그것이 개인의 본성과 운명을 나타내는 중요한 부분이라고 생각하여 작명법을 통해 이름을 지어보자고 한 것이 너희들에게 괜한 고민을 안겨준 것 같아 나도 한동안 마음이 좋지 않았다.

그래도 고민 끝에 아름다운(훌륭한) 재목이란 뜻을 가진 연재娟材로 이름을 짓기로 너희와 합의한 날 밤에는 너희들도 그랬겠지만, 나도 마음이 편안해져서 오랜만에 잠을 푹 잤더랬다.

중국 고전 서경書經에는 인생에 있어 바람직한 복을 다섯 가지로 아래와 같이 열거하였더구나.

- 첫 번째는 수壽로 천수天壽를 다 누리다가 가는 장수長壽의 복福
- 두 번째는 부富로 살아가는데 불편하지 않을 만큼의 풍요로운 부富의 복福
- 세 번째는 강령康寧으로 몸과 마음이 건강하고 깨끗한 상태에서 편안하게 사는 복福
- 네 번째는 유호덕攸好德으로 남에게 많은 것을 베풀고 돕는 선행과 덕을 쌓는 복福
- 다섯 번째는 고종명考終命으로 일생을 건강하게 살다가 고통 없이 편안하게 생을 마칠 수 있는 죽음의 복福

인간의 팔자八字를 다루는 명리학命理學에서는 재물

財, 벼슬官, 학력印 삼박자를 골고루 갖추면 상팔자라고 한다. 마치 국·영·수 세 과목을 골고루 잘해야 소위 말하는 명문 대학에 입학할 수 있는 것처럼 말이다. 그런데 '재·관·인'은 서로 유기적인 연관 관계에 놓여 있다고 설명하고 있지.

즉, 재생관(財生官-재가 관을 낳는다)이라 하여 재물이 벼슬을 만들어 주고, 관생인官生印이라 하여 벼슬이 학문을 도와준다 하였더구나. 생각해보면 이 연관 관계에서 가장 기본이 되는 것은 재물이란 것이지. 돈이 있으면 국회의원도 할 수 있고(물론 돈이 없어도 국회의원은 할 수 있지만, 돈이 있으면 훨씬 유리한 것이 현실이니까) 높은 관직을 얻으면 좋은 학벌을 만드는 데도 유리한 것이니까. 일리가 있는 말이지만 전적으로 동의는 하고 싶지 않구나.

부모를 잘 만나(아이가 경제적으로 부유한 부모를 만나면) 어느 정도 유리한 입장에서 인생을 시작할 수는 있겠지만, 부모의 꾸준한 관심과 사랑, 그리고 본인의 노력이 없으면 잘난 부모가 오히려 그것이 자기 인생에 걸림돌로 작용할 수도 있다고 본다.

부모의 꾸준한 관심과 사랑은 아이의 신체적 정신적 발달에 긍정적인 영향을 끼쳐, 아이가 자신감을 키워 자신의 표현력도 기를 수 있고, 자아를 성숙하게 할 뿐만 아니라 자신과 타인과의 관계를 형성하는 데에도 많은 도움이 된다고 나는 믿는다.

곧 태어날 연재娟財는 너희 둘과 외조모가 지켜보며, 조부모, 그리고 친척들의 관심과 사랑을 한 몸에 받을 것이 명약관화明若觀火하니 장래가 촉망되는 복된 아이임에 틀림이 없겠구나!

그럼 오늘은 이만 줄인다. 안녕!

북정마을에서

2   복 있는 사람

지난번 글에는 세상 사람들이 바라는 복 있는 사람의 조건을 財,官,印을 두루 갖춘 사람이라 이야기했으나, 마음을 비우고 작은 것에서도 행복을 느낄 수 있는 사람이 복 있는 사람이지 않을까? 하는 생각도 해본다. 물론 의.식.주 등 인간이 살아가는데 필요한 기본적인 욕구는 어느 정도 충족이 되어야겠지.

    심리학사 매슬로·우·는 인간의 욕구를 다섯 단계의 위계로 나누어 설명하더구나. 순서를 소개하면 다음과 같다.

    1. 신체적 욕구 만족이나 충족, 기본적인 생리적 만족
    2. 안전의 욕구 – 고통, 삶에 가해지는 위험, 신체에

미칠 위험, 압도적인 위협 등에 대한 대비.
3. 사랑, 애정, 호의, 인정, 소속.
4. 자존감, 자부심, 자신감, 활력 또는 적절함을 향한 욕망. 명성
5. 자아실현, 자기 충족, 자기표현, 자신의 근본적인 성격에 의한 행동. 자기 능력 활용, 자신이 될 수 있는 최고의 사람이 되려는 경향

현대를 살아가는 일반적인 사람들은 기본적인 욕구가 어느 정도 충족된 상태이지만 욕구가 잘 충족되면 다음으로 우세한 욕구가 등장하며, 결과적으로 이 새로운 욕구가 의식적인 삶을 지배하게 된다는구나. 첫 번째부터 다섯 번째까지 단계가 높아질수록 목표의 강도는 우세해지고, 욕구가 충족되면 바로 위 단계에 속하는 새로운 욕구가 의식 속에 등장한다. 이런 식으로 정도의 차이는 있지만 새로운 욕구가 생긴다는 것이지. 한마디로 끊임없이 새로운 욕구를 갈구하게 된다는 것인데, 그러다 보면 정작 중요한 것을 잃어버리고 스스로 불행에 빠지게 되는 경우가 많겠지.

톨스토이의 '사람에게는 얼마만큼의 땅이 필요한가'라는 우화소설을 읽어 본 적 있겠구나? 소설 속 주인

공인 파홈은 본인의 땅을 넓히기 위해 혼자 욕심을 부리지만 마지막에 남은 것은 약 2m에 불과한 무덤뿐이었지. 욕심을 덜 부렸다면, 자기의 현재 삶에 만족했다면 일어나지 않을 불행이었지.

곧 태어날 연재를 생각하며, 마음을 비우고 작은 것에 만족하는 삶의 지혜를 담은 경구 몇 구절 적어본다.

재앙은 만족함을 알지 못하는 것보다 더 큰 것이 없고, 허물은 얻으려고 욕심내는 것보다 더 큰 것이 없다. 그러므로 족한 것을 아는 것이 늘 만족을 가져온다. (禍莫大於不知足, 咎莫大於慾得 常足矣)

-도덕경

"병 없이 건강한 것이 가장 큰 이익이요, 만족 할 줄 아는 것이 가장 큰 부자이다. 신뢰가 두터운 것이 가장 좋은 벗이요, 열반에 이르는 것이 가장 큰 행복이다."

-부처님 말씀

"나물 먹고 물 마시고, 팔을 베고 잠을 자도, 그 속에 즐거움이 있도다."(飯疏食飮水, 曲肱而枕之, 樂亦在其中矣)

-논어論語-

안녕!

3 연재가 태어나길
    기다리며

우리들의 공주님 연재娟材가 예정일을 조금 넘기고 있지만, 공주님은 연회장에 조금 늦게 나타나는 주빈主賓처럼, 큰 박수를 받으며 나타나 자신의 화려한 탄생을 알릴 것 같구나. 탄생의 의미를 국어사전에는 '높고 훌륭한 사람의 태어남'이라 쓰여 있다만 연재娟材란 이름의 뜻이 아름다운(훌륭한) 재목이니 우리 사이에서는 당연한 표현이겠지.

　　娟材가 세상에 태어나면서 가지게 될 것들은 어떤 것들이 있을까 생각해보았다. 우선, 신기한 듯 바라보고 있을 아빠, 엄마, 그리고 할머니(한국에서 연재에게 지대한 관심을 가진 사람들이 대표로 파견한 대사님)의 사랑이 가득 찬 미소가 있겠지. 그리고 마음대로 마실 수 있는 공기, 배부르게 먹을 수 있는 엄마의 젖, 예쁜 옷들, 장난감들, 아름다운 새 소리와 꽃들, 해와 달과 별들의 행진 등… 그 모든 것 중에 가장 소중한 것은 사랑으로 가득 찬 포근한 엄마의 품속이겠지. 거기서 배부르게 젖을 먹고, 미소 가득한 엄마의 자장가에 잠드는 娟材는 참으로 행복한 공주님에 틀림이 없겠구나.

    사람의 일생 중 제일 행복한 시절은 엄마 품속에 있을 때라고 생각한다. 엄마의 품속은 이 세상에서 가장 따뜻하고 안전한 곳일 것이다. 그 품은 온전한 사랑이 가득 찬 곳일 것이고, 그 어떤 것도 대체할 수 없는 특별한 안식처라 할 것이다.

    엄마의 품은 프로이트와 융의 심리학에서 중요한 개념으로 다루는데 안전한 대상화(secure attachment)를 상징한다는구나. 이 안전한 대상화는 아기와 어머니 사이의 안정적이고 안전한 관계를 나타내며, 아기가 세계를 탐험하고 배우는 데 필요한 기반을 제공하는데, 프로이트와 융은 어머니와의 밀접한 관계가 아동의 정서적, 사회적 발달에 큰 영향을 미친다고 믿었다는구나.

    엄마의 품속에서 세계를 탐험하고 배우게 될 연재의 탄생이 기다려지는구나.

곧 태어날 娟材의 미소가 내 눈앞에 아른거린다. 조만간 좋은 소식 전해 주리라 믿는다.

娟材 할아버지가. 안녕!

엄마의 품속에서 세계를 탐험하고 배우게 될
연재의 탄생이 기다려지는구나.

4 연재의 모습을 보면서

너희 부부가 블로그에 올린 연재의 사진들을 잘 보았다. 비록 모니터를 통해서 보는 것이지만, 마치 내 앞에서 방긋 웃는 것 같아, 나도 모르게 모니터를 바라보며 손으로 연재의 얼굴을 쓰다듬고 있더구나.

우리들의 사랑하는 공주님, 연재가 우리 모두 기다리는 연회장에 조금 늦게, 열렬한 박수를 받으며 나타나 우리에게 커다란 기쁨을 안겨주었구나. 글을 쓰고 있는 지금도 갓난아이 같지 않게 이목구비耳目口鼻가 뚜렷한 연재의 모습을 계속 보고 있는데, 나도 모르게 연신 미소가 짓게 된다.

올해(2007년)는 쌍춘년이면서 황금돼지해인데, 황금돼지띠 아이는 광명의 길운을 타고나기 때문에 편안하게 인생을 살 수 있다는 속설이 있더구나. 이것만 봐도 연재는 복을 받고 태어난 아이가 아닐 수 없다고 생각한다.

　　엄마는 아이를 낳을 때 얼마나 힘이 들었겠느냐? 지켜보던 아비는 얼마나 안타까웠고? 외할머니도 고생하셨을 것이다. 그래도 다행히 아무 탈 없이 순산하였다니 하느님께 고마운 일이다. 성경(요한 16:21)에는 "여자가 해산하게 되면 그때가 이르렀으므로 근심하나 아이를 낳으면 세상에 사람 난 기쁨을 인하여 그 고통을 다시 기억치 아니하게 된다"는 말씀이 있지.
　　이 말씀은 주님의 십자가 사건에 대한 비유이다. 예수께서 당국자들에게 잡히셔서 모진 고난을 받으시고 십자가에 달려 죽음으로써 제자들의 두려움과 고통이 심하겠지만, 그 대속代贖의 죽음으로 말미암아 그들이 구원받고 영생을 얻게 되면, 그 구원받은 기쁨으로 인해 모든 일은 깨끗이 잊어버리게 될 것이라는 말씀이지. 마찬가지로 여자가 아이를 낳고 나면 자신의 핏줄을 맞이하는 기쁨에 그 전까지 걱정 근심했던 것은 물론이고 아이 낳을 때의 극심한 고통까지도 모두 잊어버린다는 것이겠지.

연재娟材의 귀엽고 예쁜 모습이 너희와 외할머님께 기쁨과 행복을 가져다주기를 바란다. 나와 한국에 있는 연재의 팬들도 자라나는 연재의 예쁜 모습을 보며 더욱 행복해질 것 같구나.

그럼 너희 연재네와 외할머니의 건강을 기원하며 오늘은 이만 줄인다.

娟材 할아버지가, 안녕!

누님 집은 학교 인근에 있었는데,
그 전까지 내가 가본 집 중에서는 제일 근사한 집이었다.

5   연재는
        누구를 닮았을까?

너희가 블로그에 올린 연재娟材의 생후 3일째를 기록한 사진들과 동영상을 잘 보았다. 눈에 넣어도 아프지 않는다는 말이 바로 실감이 날 정도로 사랑스러운 모습들이었다. 지구 반대편에서도 사랑스러운 연재의 일거수일투족을 담은 사진과 동영상을 볼 수가 있다니 정말 좋은 세상이라는 생각이 절로 든다.

 갓난아기의 모습을 보면서 부부나 친척들은 으레 아기가 누구를 많이 닮았는지 관심이 많지. 연재 할머니 말로는 눈썹과 입은 아비를 닮았고, 첫인상과 코는 어미를 닮았다 하고, 고모는 귀가 자기 귀를 닮았다고 하더라. 혜원이는 뾰족한 턱과 얼굴 윤곽이 나를 닮았다고 하던데, 괜히 기분이 좋아지더구나. 가족들은 아기가 자기를 많이 닮았으면 하는 바람이 있지.

    너희들도 알겠지만, 인체를 구성하는 각 세포에는 23쌍의 염색체가 있는데, 그것들은 아버지와 어머니로부터 각각 하나씩 물려받아 쌍으로 존재하지. 그 한 쌍의 유전자가 엄마, 아빠에게서 나와 합쳐져서 한 아기가 태어나니, 엄마 아빠를 닮을 확률은 각각 1/2이요, 할머니 할아버지들은 4명이니 1/4의 확률로 닮게 되겠다만, 아빠 엄마에게 숨겨져 있던 유전 정보가 나타날 수도 있으니, 실제로는 더 복잡하여, 이모나 고모나 친척 중 누구를 닮거나, 조상 중 누구를 막론하고 닮을 가능성도 확률은 낮지만 있을 수가 있겠지. (여기서 닮는다는 것을 과학적으로 말하면 유전적 요인을 물려받았다는 것을 의미하는 것이겠지?)

    물론 위의 이야기도 단순하게 확률적으로 말하면 그렇다는 것이다. 과학적으로 누구를 닮았다는 것(유전적 요인을 물려받는 것)을 완전히 밝혀내는 것은 그리 쉬운 일은 아닐 것이다.

    각 염색체에는 수백에서 수천 개의 유전자가 있으며 모든 염색체의 유전자를 다 합치면 약 3만 개가 되는 것으로 알려져 있다고 한다. 이러한 유전자는 피부색이나 외모, 질병 같은 신체적 정보를 담고 있는 것은 물론 목소리, 성격 등 눈에 보이지 않는 개인의 특성에 대한 정보까지도 담고 있다고 하는구나. 그리고 환경적 요소(식습관, 교육, 생활환경 등)도 한 인간의 외적인 모습 형성에 영향을 줄 것이다.

한마디로 어떤 특징이나 특성이 나타날지는 유전자의 조합 및 환경적 요소에 따라 다를 수 있다는 것인데, 아기가 부모나 친척을 닮을 확률은 정확히 예측하기 어렵다고 할 것이다.

연재가 누구를 많이 닮았는지를 생각하면서 그냥 써 본 이야기다. 연재가 누구를 많이 닮은 것이 중요하겠느냐? 연재가 너희의 예쁜 딸이고, 나의 손녀라는 것이 중요한 것 아니겠니?

娟材의 귀여운 모습을 보면서,

안녕!

6 어머니란 존재의 위대함

연재를 돌보고 키우느라 얼마나 정신없고 힘이 드느냐? 아이를 낳아 키우는 일이 얼마나 힘든 일인지 너희는 이제 막 경험하는 것이요, 앞으로 더욱 힘든 일들이 기다리고 있을 터이니 어쩌겠느냐? 그래도 연재의 모아 쥔 따뜻한 손길, 반짝이는 눈, 웃는 소리가 함께하는 모든 순간이 소중하고 특별하게 느껴질 것이고, 그 어떤 어려움도 감당하고도 남을 만한 힘을 줄 것이다.

어류魚類나 조류鳥類, 파충류爬蟲類 같은 동물들은 알에서 갓 나온 새끼들도 스스로 먹이를 잘도 찾아 먹기도 하지만 포유류는 젖을 먹여 주어야 살 수가 있다. 인간과 같은 포유류라도 태어나자마자 스스로 일어서는 동물도 있지만, 사람은 돌이 지나야 겨우 일어설 수 있지. 하물며 다른 짐승들은 털이 있어 자연 상태에서 잘도 살아가건만, 인간의 아기는 수시로 입혀주고 덮어 주어야 겨우 생명을 유지할 수가 있고, 몇 년씩이나 밤낮으로 밥도 먹여 주고, 씻겨 주어야 살 수가 있는 것을 보면 인간의 출산과 육아는 대단히 비합리적이라는 생각이 들 때가 있다.

거기에 출산의 고통도 다른 동물들보다 매우 심하지. 요즘은 의학이 많이 발달하여 난산의 경우라도 제왕절개라는 수술로 산모와 아기의 생명을 건질 수가 있으나 예전에는 출산 중에 생명을 잃는 산모도 꽤 있어 산통으로 출산하는 방에 들어갈 때는 벗어놓은 신발을 다시 신을 수 있을까를 걱정하였다고도 하더구나. 그러나 이러한 고통이 있어야 새로운 생명을 태어나는 것 아니겠니?

너희도 연재를 낳고 키우면서 너희 어머니의 고통을 알았을 것이다. 그리고 그러한 어머니에게 고마움도 느껴야겠지.

낳실제 괴로움 다 잊으시고

기르실 때 밤낮으로 애쓰는 마음
진자리 마른자리 갈아 뉘시며
손발이 다 닳도록 고생하시네
하늘 아래 그 무엇이 높다 하리오
어머님의 희생은 가이없어라

너희에게 글을 쓰면서 양주동 시인의 "어머니의 마음"이란 시가 떠오르는구나. 너희들도 익히 아는 시이겠지만, 새삼 더욱 가슴에 와닿을 것이다.

너희 연재娟材네와 외할머니의 건강을 빌며,

안녕!

7 낙천적이고
헌신적인 스승님

지난주 연재 엄마와 전화 통화를 하면서 연재의 일상(아기의 일상이란 것이 뻔하겠지만)을 물었는데, 연재 엄마의 답이 간단명료하더구나.

"먹고, 웃고, 자고"

나는 이 말을 듣고 나도 모르게 미소가 지어지더구나. 그러면서 중학교 때의 밴드부 시절이 떠올랐지.

"먹고, 웃고, 자고"란 말은 내가 50여 년 전 중학교에서 밴드부를 하던 때, 음악 선생님이 부원 중 유독 낙천적인 아이에게 부여한(?) 별명이다. 방학 때면 늘 합숙하면서 연습을 하는데, 하루는 부원들을 모아 앉히고 부원들에게 별명을 지어 주겠다며 별명을 하나씩 붙여 준 것인데, 그 아이에게 붙여준 별명이다. 합숙은 집보다 먹는 것이나 잠자리가 불편했지만 늘 웃고 다니며, 밥도 잘 먹고 잠도 잘 자던 학생에게는 아주 잘 어울리는 별명이었던 것이지. 선생님도 낙천적이셨다. 그리고 헌신적이기도 하셔서, 학생들에게 항상 긍정적인 에너지를 전달하고, 어려움을 극복하는 방법을 가르치려고 노력하셨다.

내가 다니던 중학교는 경기도 가평에 있는 시골 학교였는데, 6·25사변 후 그 지역에 주둔하고 있던 미 제40사단이 한국전에서 최초로 목숨을 잃은 카이서(Kenneth Kaiser) 중사를 기념하여 학교를 지어 주었고, 카이서(Kaiser)중사의 어머니는 학교에 악기들을 선물하시어 시골 학교지만 밴드부(관악 합주단)가 있게 된 것이었다. 전후의 경제 상태는 매우 열악하여 내가 다니던 중학교에는 도서관이 없었고, 학교 건물을 지어 준 미군이 한국 학생들에게 무슨 책이 필요한지도 알 수가 없었는지, 영문으로 된 미국 학교용 교과서와 참고서들을 교실에 가득 차게 쌓아 놓을 만큼 많이 학교에 기증해 주었다. 하지만 그 책들을 빈 교실에 쌓아 놓기만 했다. 영어로 된 책을 읽을 수 있는 학생은 없었기 때문이지. 한마디로 무용지물無用之物이었다. 하루는 음악 선생님이 친구 두 분과 함께 서울에 가서 세계 문학 서적들을 트럭으로 한 차 실어 오시더니, 교실 한 칸에 진열해 놓으시고 학생들이 빌려 읽게 하셨었다. 그 당시에 월급도 많지 않아 경제적으로 여유가 없으셨을 터인데도 전쟁의 상흔에서 아직 벗어나지 못한 학생들에게 희망을 주기 위한 노력이었을 것이다.

며칠 전에는 밴드부 선배의 제안으로 50년 만에 밴드부원 다섯 명이 연세가 80이 넘은 그 음악 선생님을 찾아뵌 일이 있었다.

아직도 정정하시어 엘리베이터가 있어도 타지 않으시고 4층을 계단으로 걸어서 올라가시더구나. 우리는 둘러앉아 옛 추억과 지내온 이야기를 하였다. 한참 이야기꽃을 피우다가, 나는 50년 전 선생님이 서울에 가서 문학 서적을 사 오신 것이 생각나, 그렇게 많은 책을 어떻게 사 오실 수가 있으셨느냐고 물었다. 선생님은 돈이 많았으니까, 라고 요즘 스타일로 말하면 쿨하게 말씀을 하시면서 웃어넘기셨다.

선생님을 찾아뵈었던 다섯 명의 밴드부원 중 넷은

편한 복장으로 왔는데, 트럼펫을 불던 한 선배만 정장에 넥타이를 매고 나타나 웬일인가 했더니, 그 선배는 집안 형편이 어려워 고등학교 진학을 포기할 수밖에 없었는데, 선생님이 서울에 밴드부가 있는 어느 고등학교에 특기 장학생으로 추천을 해 주셔서 진학할 수 있었다는 것이었다. 그래서 선생님께 꼭 큰절을 올리려고 이렇게 나왔다며 눈물을 떨어뜨리면서 큰절을 올리기에 우리도 같이 큰절을 올렸다.

큰절을 받으시고 나서 선생님은 우리에게 절을 받을 정도로 한 것은 없다고 하시면서, 다 같이 어려웠던 시절에 희망을 잃지 않고 열심히 살고 자신을 잊지 않고 찾아준 것이 고맙다고 하시더구나.

늘 웃음을 잃지 않으시고 우리를 대하시던 선생님은 우리에게 자신의 장점과 가능성에 대해 믿음을 심어 주셨다. 선생님은 "너에게는 충분한 능력과 잠재력이 있어"라는 말과 함께 도와주시기도 했지. 파랑새는 멀리 있지 아니하고 내 집 처마 밑에 있다며 행복은 가까운 곳에 있다는 것을 항상 생각하고 살라는 말씀도 자주 하셨다.

선생님의 이런 지지와 격려 덕분에 우리는 어른이

되어서도 각자의 자리에서 열심히 살았던 것 같구나.

파랑새는 멀리 있지 아니하고 내 집 처마 밑에 있다는 메테르링크(Maurice Maeterlinck)의 이야기가 새롭게 다가오는 저녁이구나.

안녕!

"먹고, 웃고, 자고."
나는 이 말을 듣고 나도 모르게 미소가 지어지더구나.

8   따뜻한 기억으로 남아 있는
피란 시절

"등 따숩고 배부르면 됐지"라는 말은 우리 조상의 인생관이 잘 드러난 구절이라는 생각이 든다. 하루 세끼 먹을 것을 걱정하면서 배고픔의 설움을 겪어 본 사람은 이 말의 뜻을 더욱 공감할 것이다.

이러한 인생관은 소소한 일상에서도 행복을 발견하고, 현재의 순간을 중시하며 행복을 발견하는 것이 중요하다는 우리 조상의 현명한 삶의 지혜가 묻어나는 메시지라고 생각한다.

6·25 사변 때 일이었는데, 그때 내 나이가 9살이었지만 지금도 그때의 기억이 생생하구나. 우리 집은 경기도 가평군 북면이었는데, 38선에서 가까워 북한군의 기

습남침에 피란을 가지도 못하고 3개월간 공산 통치를 받고 있었다. 우리는 어느 날이나 국군이 북한 인민군들을 몰아내고 수복을 해줄까 하는 희망으로 힘든 나날을 보내고 있었는데, 뜻밖에 우리 집이 소위 '부르조아'라고 불리며 숙청 대상자 명단에 올라있으니 빨리 피신을 해야 한다고 마을 사람이 알려주더구나. 이유는 밥술이나 먹는다는 죄였나 보더라. 지금 생각해보니 그때가 맥아더 장군이 인천 상륙 작전에 성공하여 인민군이 북으로 후퇴하던 때였고, 그들은 후퇴하면서 사람들을 북으로 끌고 가거나 학살을 하였는데, 아침이면 하얗게 서리가 내리던 10월 초쯤이라 여겨진다.

나와 어머니, 여동생 그리고 누님(보통은 누나라 부르는데, 나이 차가 크면 누님이라는 호칭으로 불렀던 것 같다.) 이렇게 네 식구는 그 날 밤 산 고개를 넘어 10리 정도 떨어져 있는 먼 친척 집으로 피신을 하였다. 그곳에 며칠을 머물고 있던 어느 날 아침이었다. 친척 아주머니가 헐떡이며 뛰어와 전하는 말이 빨치산(인민군 유격부대)이 아래 동네에 와서 집들을 다 뒤져 숨어 있는 주민들을 모두 끌고 가고 있으니 빨리 어디로 피하라는 것이었다.

우리는 허둥지둥 어찌할 바를 모르다가, 뒤뜰에 있

는 광으로 갔다. 그 안에 비어 있는 뒤주가 있기에 그 속에 들어가 머리에 광주리를 쓰고 쪼그리고 앉아 있었다. 뒤주 뚜껑을 덮고 네 사람이 다닥다닥 붙어 쪼그리고 앉아 있었는데, 쌀쌀한 가을 아침이었지만 머리에서는 더운 김이 나더구나.

영문을 모르고 따라나섰던 어린 여동생이 생사기로에 놓인 기막힌 상황에서 그만 잠이 들어 코를 고는 게 아닌가! 그대로 놔두면 소리가 나서 들킬 테고 꼬집기라도 해서 깨운다면 울어버릴 것 같아 살짝살짝 어깨를 흔들어 잠을 자지 못하도록 깨우며, 숨죽이고 있었다. 그렇게 한참을 긴장감 속에 있었는데 집안을 뒤지고 다니던 빨치산이 문을 열더니 저벅저벅 구둣발 소리를 내며 광 마루를 밟고 우리를 향하여 다가오는 소리가 점점 가깝게 들리더구나. 어린 나이였지만 절망감이 드는 순간이었다.

빨치산이 그 안에 있는 독 뚜껑들을 하나하나 열고 덮는 소리가 연이어서 났는데, 나는 뒤주 문도 열지 않을까 조마조마하여 가슴이 두근두근 뛰었다. 제발 우리를 피하여 가라고 빌고 있었지만, 구둣발 소리가 뒤주 앞으로 다가오더니, "덜커덩" 소리를 내며 뒤주 문이 열리는 것이었다. 이젠 죽은 목숨이라고 생각하고 숨을 죽이고 있는데 다행히도 빨치산은 뒤주 문을 열자마자 도로 닫고 나갔다. 그 후로도 이렇게 하기를 몇 사람이 반복하였는데, 어머니 말씀에 의하면 일곱 사람이 왔다 갔다는 것이었다. 아마 아침이었지만 창문도 없는 실내이다 보니까 어두워 보이지 않아서 그랬었던 것 같다. 잠시 후 친척 아주머니가 들어와 빨리 여기서 도망하라고 하였다. 친척아주머니는 우리가 뒤주를 빠져 나간 후, 빨치산들이 또 와서 뒤주 뚜껑을 열고 창으로 뒤주 안을 두세번 찌르고 나갔다는 것이었다. 그리고 반동분자(그들이 말하는 소위 부르조아)를 숨겨 주는 사람들도 다 죽이겠다며 밖으로 나갔으니, 언제 다시 올지 모른다며 이젠 자기도 어쩔 수가 없다는 것이다.

　　네 식구는 울타리와 길 건너 콩밭을 기어 산비탈 나무 덩굴 밑에 다다랐다. 임시로 거기에 숨을 요량으로 돌조각과 손으로 구덩이를 파고 그 속에 숨어 날이 저물기를 기다렸다. 허기졌지만 감히 마을로 내려갈 엄두를 내지 못했지.
　　어두워지자 빨치산이 철수했을 것이라 여겨 동네로 내려가 우리가 숨어 있었던 친척 집으로, 요기할 음식이라도 얻어먹을 심산으로, 다시 갔다. 그런데 친척 아주머니는 달가워하지 않는 표정으로 말없이 우리를 바라보았다. 잠시 침묵을 지키더니 내키지 않는다는 투로 다음과 같이 말씀하시더구나.

"너희들이 뒤주를 빠져나간 후, 빨치산들이 또 와서, 난리를 피우고 갔어. 미안하지만 이젠 더는 숨겨 줄 수가 없어. 다른 집도 형편은 비슷할 거야."

할 수 없이 우리는 그 밤에 다시 산으로 갈 수밖에 없었다. 배는 고프고, 어린 동생은 울고, 말 그대로 6·25의 난리를 아홉 살의 어린 나이인 내가 겪고 있는 순간이었지. 그래도 다행이랄까? 달빛이 밝아 우리의 앞길을 밝혀 주었다.

산길을 따라 한참을 가다 보니 불빛이 새어 나오는 집이 보였다.

조그마한 오두막이었다. 어머니는 화전민이 사는 집인 것 같다고 하시면서 여기서라도 하룻밤 신세를 지자고 하시며 그 집 주인에게 우리의 사정을 말씀하는데, 나는 기대는 하지 않고 그저 밥이라도 얻어먹었으면 좋겠다는 생각을 하였지. 그런데 집주인은 선뜻 우리를 허락하셨다. 방 하나에 부엌 하나뿐인 오두막이었으나 추위와 두려움에 떨던 우리에게는 너무나 고마운 일이었다.

아침에 일어나 우리의 행색을 보니 말이 아니었다. 콩밭을 죽기 살기로 기었고 산비탈에 구덩이를 파고 그 속에 누워있었으니, 흙을 털어 냈어도 옷은 여기저기 찢겨 있었고 흙빛으로 온통 얼룩져 있었다.

행색도 행색이었지만, 배가 너무 고팠는데 나의 간절한 소망을 알기라도 하신 듯 주인아주머니가 밥상을 들고 오셨다. 밥상에는 노란 좁쌀 밥과 시래기 된장국이 그릇 가득 들어있었는데, 아주머니는 피신 중에 먹지도 못했을 것이라며 이것이라도 마음껏 드시라고 밥상을 놓고 나가셨다.

김소운 작가의 수필에 '왕후의 밥, 걸인의 찬'이라는 유명한 구절이 있잖니? 그때의 좁쌀 밥과 시래기 된장국이 우리에게는 왕후의 밥, 왕후의 찬이었다.

전날 먹지도 못하고 추위와 두려움에 떨던 우리는 누가 먼저랄 것도 없이 밥상이 놓이자마자 게 눈 감추듯 밥을 먹었다.

밥을 급하게 먹어서인지는 모르겠으나, 포만감에 졸음이 쏟아질 때, 주인아저씨가 들어오시더니

"행색을 보아하니 험하게 살지 않으시던 분들 같은데 얼마나 고생스럽습니까? 피할 곳도 마땅치 않을

것 같은데 누추하더라도 좁쌀 밥은 배부르게 드릴 테니 괜찮으시면 여기서 난리를 피하고 잠잠해지면 그때 댁에 가시라"라고 말씀을 하셨다. 어디로 피해야 할지 망막했던 우리는 꿈만 같은 소리를 듣게 된 것이지. 우리네 식구는 감지덕지하며 그곳에서 인민군이 다 후퇴하도록 꽤 여러 날을 숨어 지낼 수가 있었다. 지금도 그때 얻어먹던 쌀 한 톨도 안 섞인 좁쌀 밥과 시래기 된장국 맛과 등이 데일 정도로 따뜻하게 불을 때 주시던 산골짝의 오두막집을 잊을 수가 없구나.

그 집에는 내 또래의 사내아이가 하나 있었는데, 그 아이와 나는 이내 친구가 되어 산골짝을 돌아다니며, 잡지도 못할 토끼를 쫓아다니기도 하고, 서리를 맞아 알맞게 익어 달고 맛있던 머루나 다래를 따 먹기도 하였지. 그 아이는 손재주가 좋아서 나뭇가지를 낫으로 "Y"자 모양으로 잘라낸 후, 고무줄을 달아 내게 새 총을 만들어 주었고, 속이 빈 국수나무 가지를 베어 장난감 총을 만들어 주기도 하였는데, 노가지 나무 열매를 넣고 막대로 밀면 공기가 압축되면서 "뻥"하는 소리가 나며 쏘아지기도 하였다.

낮이면 그 아이와 재미나게 놀고, 저녁이면 노란 좁쌀 밥과 시래기 된장국을 먹고 따뜻한 방바닥에서 단잠을 잘 수 있었던 그 오두막에서의 피난 생활은, 죽음 일보 직전에서 살아남은 우리에게는 "등 따숩고 배부른" 행복의 전당이었다.

지금 그때 그 오두막은 어떻게 되었는지 알 수가 없고, 집주인 내외는 이미 돌아가셨을 것 같으나, 내게 친구가 되어주던 그 친구는 어디서 어떻게 살고 있을지 궁금하구나. 부디 살아 있는 후손들에게 많은 축복이 내려지기를 빌어본다.

안녕!

9 아기의 미소가 주는 행복

연재 아빠, 엄마 보아라:

　　연재가 태어난 지 벌써 삼칠일이 지났다고 하니 시간이 금방 간 것 같구나. 이메일로 보낸 사진들도 잘 보았다. 그 사이에 더 예뻐진 것 같구나. 젖을 먹여 놓으면 방싯방싯 잘도 웃는다니 그 모습이 눈에 선하구나. 언젠가는 '후후후'하며 웃는 소리도 낸 적이 있다니 연재는 꽤 낙천적인 성격을 타고났을 것도 같다.

　　백과사전에는 웃음을, 안면 근육을 함께 움직여서 일정한 표정을 짓는 반응이라 정의를 하면서, 아래와 같이 분류하더구나.

1) 신체적 자극(간지럼)에 의한 웃음
　　2) 기뻐서 웃는 웃음
　　3) 우스워서 웃는 웃음
　　4) 겸연쩍은 웃음
　　5) 연기로서의 웃음
　　6) 병적인 웃음

　또한, 웃는 방법에 따라 미소微笑, 대소大笑, 고소苦笑, 냉소冷笑, 조소嘲笑, 실소失笑 등 여러 가지로 분류하기도 하는데, 그중 미소는 유아의 중추신경이 발달하는 과정에서 자동으로, 주로 잠들기 전에 나타나는데 이를 반사적 미소라고 한다는구나. 그리고 생후 2개월이 지나면 자신에게 말을 거는 사람에게 반응하면서 미소를 짓는 것을 사회적 미소라고 하는데, 누군가 자신을 향해 웃어주면 그 답으로 미소를 짓는 것이란다. 생각만 해도 부모를 행복하게 하는 웃음이 아닌가 싶다.
　나는 자연스럽게 얼굴에 나타나는 미소야말로 진정한 웃음이 아닌가 생각해본다. 눈가에 주름이 생기면서 얼굴 전체로 활짝 웃는 얼굴은 자연스러워 보여, 이런 미소를 흔히 엄마 미소, 아빠 미소라고들 하지. 아무런 가식도 꾸밈도 없이 나오게 되는 가장 순수한 미소일 것이다. 마음이 슬프고 괴로운 데도 억지로 웃음을 만들어 웃는다는 것은 웃는 것 자체가 힘이 들 것이다. 요즘, 서비스가 중시되면서 감정노동을 하는 많은 사람이 그러한 미소를 짓고 있을 것이다. 자신의 감정과는 무관하게 웃는 웃음이야말로 정말 슬프지 않겠느냐?

그런 의미에서 아기의 웃음소리는 우리 인간이 경험할 수 있는 가장 순수하고 아름다운 소리 중 하나일 것이다. 이 소리는 종종 우리를 미소짓게 하며, 우리 주변의 삶에 따뜻함을 불러일으키기도 한다. 그리고 부부를 비롯해 가족 사이의 연결과 유대를 강화하는 요소가 되기도 하지. 가정에 냉랭한 분위기가 흐르고 있어도 아기가 웃는 모습을 보면 아기와 같이 웃게 되는 경우가 있는 것을 보면 그것을 알 수 있겠지.

사실 이 세상에 살고 있거나 과거에 살았던 모든 사람은 거의 다 이런 어머니의 사랑이 충만한 품에서 미소를 지으며 자라났을 것이다. 사람에게는 유아기의 기억은 하나도 없지만, 부모가 되어 자식을 키워 보거나 다른 사람이 아기를 사랑하는 모습을 보고, 나도 저런 사랑을 받으며 행복한 미소로 세상을 살았던 때가 있었다는 것을 미루어 알게 되는 것이겠지.

오늘도 우리 얼굴에 연재와 같은 미소를 더 많이 지어 볼 수 있는 하루가 되길 빌어본다.

연재 할아버지가,

안녕!

넝쿨 앵두꽃 상예

10　　나는 행복한 사람

(아들 며느리에게 보내는 편지 중에서)

혜원, 성호 보아라:

　　내가 초등학교에 들어가기 전이었으니 대략 만 6~7세 경으로 생각된다. 그 시절에는 유치원이라는 것이 시골에는 없었고 조기교육이 무엇인지 모르던 때였다. 아버님께서는 어느 날 나에게 큼직한 선물을 하나 주셨는데, 그것은 아버님이 목수에게 부탁하여 짜 오신 내 책상이었다. 생긴 모양은 요즘의 현대식 책상이 아닌 직육면체의 궤짝인데, 위 판을 열면 그 속에 책을 보관할 수 있게 돼 있고, 닫으면 책상이 되는 모양이었지. 그 속에는 천자문 책 한 권과 회초리가 들어있었다. 내가 회초리를 보고 놀라는 표정을 짓자, 아버지는 웃으시면서 '공부를 열심히만 하면 저 회초리는 책상에서 나올 일이 없을 거야'라고 말씀하셨다. 고삐 풀린 망아지같이 뛰어놀기만 하던 내가 고삐에 매이는 순간이었지.

그때만 해도 책이나 신문은 조사나 어미를 빼고 죄다 한자여서 한자를 모르면 공부를 할 수가 없는 시절이었다. 요즘 같은 세계화 시대에 영어가 중요한 것처럼 그때에는 한자가 중요했다.

아버님은 무엇 때문인지는 말씀하시지는 않았지만, 초등학교를 3학년까지만 다니시고 그만두셨다 한다. 그럼에도 불구하고 한자를 많이 아셨다. 아버님이 어렸을 적만 해도 한자를 배우는 서당이 동네에 있었지만, 어느 정도 살림에 여유가 있는 집 자녀들이나 다닐 수 있었고, 가난한 집 아이들은 형편이 되지 못해 다니지 못했다고 하시더구나. 그러다가 어린이와 청소년의 교육이 독립정신을 기르는 것이라 여기던 독립운동가들이 시골에도 무료 소학교를 세워 준 덕분에 형편이 어려운 아이들에게도 교육의 기회가 주어졌다는 것이다.

독립운동가들 덕분에 아버님도 소학교를 다니시게 되었는데, 하루는 소학교 선생님이 집에 찾아오시어 "너희 조상이 누구냐?"고 대뜸 아버님에게 물으셨다는데 대답을 하지 못하셨다는구나. 조상 때부터 내려오는 혈통과 집안 역사를 적은 족보라는 것이 집에 있었지만 모두 한자로 쓰여 있어서 집안사람 중에는 그것을 읽을 수 있는 사람이 없어서 아버님에게도 조상이 누구인지를 알려준 어른이 없고, 다만 전주이씨 집안이라는 것만 알고 있었다고 하더구나.

    선생님은 아버님에게 족보를 가져오라 하시어 읽어 보신 후, 태종의 맏아들인 양녕대군의 17대 후손이라는 우리 집안의 내력을 조선의 역사와 함께 들려주셨다는 것이다. 아버님이 소학교에 다닐 때만 해도 소위 말하는 집안의 뼈대가 중요하게 여겨졌을 때이니, 아버님은 자부심도 가지셨을 터이지만, 글자를 몰라 조상님들의 내력도 몰랐던 것에 대한 부끄러움도 뼈저리게 느끼셨을 것이다.

    아버님은 그 일이 있고 나서 깨달은 바가 있어, 소학교를 그만두시고 나서도 틈틈이 독학으로 한문과 일본어를 공부하셨다고 한다. 종잇장이 해지도록 옥편을 매일 매일 열심히 보셨고, 일본어 회화책은 항상 휴대하고 다니면서 매일 매일 조금씩이라고 외운 끝에 일본어 회화도 꽤 하시게 되었다고 하셨다.

여하튼 아버님은 당신이 시간 나는 대로 나를 책상 앞에 앉히셨다. 그런데, 한글보다 한자를 먼저 배우게 되었다. 그때 한자를 먼저 가르치시는 이유를 설명해주 셨는데, 기억나지는 않는구나. 아버님은 천자문을 하루 에 4자씩 외우게 하셨다. 그것도 하늘 천天, 따 지地, 검을 현玄, 누르 황黃하는 식으로 글자의 뜻을 함께 붙여, 책을 보지 않고 외워야 했으며, 다음 날은 처음부터 다 외워 야 했으니 8자, 그다음 날은 12자 이런 식으로 처음부터 다 외워야 나가 놀 수가 있었단다. 쓰는 것은 시키지 않 으셨으니 천만다행이었다. 얼마나 날짜가 지났는지 알 수가 없지만 결국 천자문을 다 외웠으니 하루에 4자씩 이면 적어도 250일은 지났을 것이다. 옛날에는 책을 한 권 떼면 책거리라는 것을 하는데, 어머님이 떡을 해 오 셔서 식구들과 나눠 먹으며 자축을 하였지.

이어서 아버님은 한글을 가르쳐 주셨는데, 넓은 한 지에 기름을 먹인 후 그 위에 세로로 ㄱ,ㄴ,ㄷ,ㄹ…등의 자음을 적었고, 다음 줄엔 ㅏ,ㅑ,ㅓ,ㅕ…등의 모음을 적 었고, 그다음에는 ㄱ,ㄴ,ㄷ,ㄹ,ㅁ,ㅂㅅ 등 받침을 적었으 며, 자음과 모음을 합하여 가, 갸, 거, 겨, 등의 글자를 표 를 만들었지. 하루는 자음을 배우고 다음날은 모음을 배운 후 이것들로 어떻게 글자를 만드는가를 셋째 날에 배운다면 모든 글자를 다 쓰고 읽을 수 있게 되어 있으니, 여러 날 고생하여 한자 1000자를 읽는 법만 겨우 익혔는데 한글은 배우기도 쉽고 재미도 있어 며칠 만에 뗄 수가 있었단다. 배우기도 쉬울뿐더러 맞춤법을 고려하지 않고 소리 나는 대로만 써도 의사소통에 크게 문제가 없는 한글을 창제하시어 글을 모르는 백성들의 눈을 열어준 세종대왕이 새삼 위대한 생각이 들더구나. 아버님은 한글이 매우 쉬워서 뒷간 글이라고도 했는데 뒷간에 앉아서도 배울 수 있다는 뜻이라 하셨다. 다 배운 후 잊지 않게 하려고 한글을 적은 종이를 태워서 물에 풀어서 마시기도 한다 하시며 우리야 그렇게 할 것은 없다고 하셨지.

학교에 들어가기 전에 배운 한자와 한글 덕분에 초등학교에 들어가 공부하는 것이 어렵지 않았다. 배운 한자를 복습하지 않아 글자를 많이 잊었지만, 잠재의식 속에 남아있었던 모양이다. 그 후 중, 고교 시절에도 중요 단어나 개념이 대부분 한자여서 낱말의 뜻을 따로 공부하지 않아도 쉽게 알 수가 있었다

공부가 그리 어렵지 않고 재미도 있어서 학교 성적

은 좋았는데 아버지에게 성적표나 상장을 보여 드리면, 아버지는 자식을 자주 칭찬하면 오만해지기 쉽다고 칭찬을 하지 않으셨다.

한동안 내 옆에 붙어 앉아 한자와 한글을 가르치시던 아버님은 내가 학교에 다니는 동안에는 아무 간섭을 안 하셨고, 사람이 읽고 쓸 줄 알고 계산을 할 수 있으면 사는 데 지장이 없으니, 너무 공부에 열중하지 말라고 하셨다. 공부를 너무 많이 해 정신병 걸린 사람도 보았다고 하셨다. 일찍 자고 일찍 일어나야 건강하다며 밤늦게 공부하는 것도 반대하셨다. 초등학교 6학년이 되니 아버님은 공부를 많이 했다고 잘 살거나 조금뿐이 못했다고 가난하게 살지 않는다며, 초등학교만 나와도 사는 데 지장이 없으니 졸업하면 아버지 당신과 같이 농사를 짓자고 하시었다.

계속 공부를 하고 싶던 나는 아버님의 그 말씀에 충격에 빠지게 되었다. 그렇게 상심 속에 지내고 있었는데, 가을에 깊어갈 무렵 읍내에서 초등학교 교사를 하시던 누님(동네에서 유일하게 진학을 하여 서울에 있는 동덕여고를 졸업하심)이 집에 오셨다. 그때 누님이 오시지 않았으면 아마 나는 농사꾼이 되었을 것이다. 누님은 나에게 공부만 잘 하면 서울에 있는 좋은 중학교에 보내 주시겠다며 성적은 어느 정도인가를 물었다. 나는 대답 대신 성적표를 보여 드렸다. 누님은 성적표를 보시더니, 성적은 좋은데 그 정도로는 서울에 가면 꼴찌가 될 수 있으니 공부를 더 열심히 하라며 전과 지도서(입시 준비 책)를 선물로 주시고 가셨다.

아버님은 잡화상도 같이하셨는데, 주로 가게에 달린 사랑방에서 주무셨다. 나는 아버지 몰래 등잔불을 책으로 가리고 새벽닭이 울 때까지 공부하였다. 농사를 짓기 싫어서라기보다는 공부가 재미있어서였지.

누님은 서울 사람과 결혼을 하게 되면 서울로 전근을 가서서 나를 서울에 있는 중학교에 입학시킬 계획이었는데, 그게 뜻대로 되지 않아 나는 중학교 입시를 읍내에 있는 중학교에서 치렀는데 서울에 있는 중학교를 목표로 공부를 해서였던지 수석으로 합격하여 장학금까지 받게 되었다. 초등학교만 졸업하고 같이 농사짓자고 하셨던 아버님은 흔쾌히 나의 중학교 진학에 동의를 해 주셨다. 오히려 누님에게 먹는 것은 '내가 책임질 테니, 네 동생을 데리고 있으라'고 하시며 통학하지 않게 배려를 해 주셨고, 필요한 학비는 늘 잘 대주시며, 내가 배우겠다고 하니 꽤 많은 값을 주어야 하는 바이올린을 사 주시기도 하셨지.

　누님은 나이가 찼지만(서른이 넘으셨는데, 요즘이야 서른이라고 해도 결혼이 늦은 나이는 아니지만) 결혼을 하지 않고 계셨다. 그리고 나와의 나이가 19살 차이가 났는데, 그 나이 차 정도면 엄마와 아들 사이라고 해도 믿었을 것이다. 그때는 스무 살이 되지 않았어도 결혼하는 경우가 흔했으니까. 그런 누님은 마치 어린 아들이 잠들기 전에 동화책을 읽어주듯 내가 잠들기 전에는 위인전을 자주 읽어주셨다.
　특히, 일본어로 된 나폴레옹 전기를 번역해 읽어주시며 감명 깊은 구절은 부연 설명까지 해주시던 기억이 아직도 새롭구나. 누님 방에는 동네에 몇 개 정도 있을 법한 귀한 라디오도 있어 어린이 연속극을 들을 수 있었고, 친구에게서 유성기(손으로 태엽을 감아 레코드판을 틀던 옛날 축음기)도 빌려다 놓으시고 음악을 들을 수 있게 해 주셨지. 그때 들은 "금과 은의 왈츠"라는 음악은 지금도 내 귀에 생생하게 들리는 듯하다.

　내가 중학교 졸업할 때쯤, 누님이 결혼하시면서 서

울로 올라가시는 바람에 고등학교는 집에서 통학하였지만, 누님과 함께한 중학교 3년 시절은 환상적이라 할 만큼 행복했던 학창시절이었지.

    어렸을 적 아버님에게 배운 한자와 한글 덕분에 학교 교육은 그리 어렵지 않게 받을 수 있었다. 그리고 누님 덕분에 중학교뿐만 아니라 고등학교 학교생활도 즐거웠고, 공부도 잘 할 수 있었던 것 같구나.

    안녕!

11 세발자전거의
추억

    초등학교에 입학하기 전의 어떤 날이었다. 나는 아버님이 운전하시는 트럭을 타고 우리 집에서 170리 정도 되는 서울을 가게 되었다.

    아버님은 나를 나이 40세에 첫아들로 얻게 되어서 퍽 귀여워 하셨는데, 잔칫집에 초대되어 가실 때도 항상 나를 데리고 가셨다. 아버님의 친구분들도 나를 귀여워 하셨는데, 진칫날에는 술 한잔해도 된다면서 타주를 한 잔씩 따라 주셨다. 어려서 술을 마시면 어른이 돼서는 마시지 않게 된다는 조금은 해괴한 논리를 곁들이면서 술을 내게 따라 주셨지. 그때 마시게 된 술의 쓴맛에 대한 기억이 강렬해서인지 어른이 되어서도 술을 좋아하지 않게 되었다.

외갓집이 서울이라 내가 커가는 모습을 보여 주시려는 뜻도 있으셨겠지만 나를 데리고 다니기를 좋아하셔서 옆자리에 앉히신 것이라는 생각이 든다.

기껏해야 사과 궤짝에 통나무를 잘라 바퀴를 단 장난감 마차만 타본 나에게는 자동차를 타는 것 자체가 신기하고 재미난 경험이었다. 비록 비포장도로를 달리는 화물 트럭이어서 승차감은 좋지 않았지만, 나는 그런 걸 전혀 괘념치 않고 차창 밖의 풍경을 넋을 놓고 보면서 서울까지 갔던 기억이 있다.

이 차는 아버님이 사업상 빌려서 시골에서 나는 숯(당시에는 서울도 난방을 나무 장작과 숯으로 하는 집들이 꽤 있었다.)을 싣고 서울 도매상에 팔고, 돌아올 때는 가게에서 팔 물건을 구매하여 실어 오는 일에 쓰이던 차였다.

시골 산의 나무 임자에게서 나무를 사서 인부들에게 숯을 굽게 하시고 그것을 실어다 파셨다. 그때 일제는 토지등기를 의무화하였는데, 시골 사람들은 땅을 가지는 게 무슨 어려운 일을 초래하지나 않을까 염려하여 아버님에게 산의 등기를 가져가도록 사정을 하였는데, 산판(나무를 사서 사업하는 것)을 한 산은 자동으로 아버님의 땅이 되기도 하여 꽤 많은 산을 가지시게 되었다고 하더구나.

가난한 집에 태어나 어렵게 자라나신 아버님은 가난을 대물림하지 않으시려고 일을 가리지 않고 열심히 하셨다.

　　읍내에서 돈 벌 수 있는 일은 이일 저일 가리지 않았는데, 주로 하셨던 일은 서울에서 배에 실려 온 새우젓과 무쇠솥을 등짐으로 져다 파시는 것이었다. 그렇게 하여 돈을 좀 모으신 후 망하여 헐값에 나온 가게를 금융조합의 융자를 받아 인수하신 것이라더구나.

　　가게를 인수한 후에는 좀 더 저렴하게 물건을 사시기 위해 서울을 자주 가셨다. 지금은 광장시장이라고 불리는 배오개 시장이 주된 거래처였었는데, 거기까지 걸어서 다니셨다고 한다. 그러다 보니 가게는 어머니가 주로 보게 되었는데, 어머니께서 인정이 많으셔서 손님들에게 덤을 많이 주셨다더구나. 그 덕분인지 식사하실 시간도 없을 정도로 가게는 잘 되었다고 들었다.

　　가게가 잘되어 경제적으로 여유가 생기자 아버님은 논과 밭을 사셨다. 직접 농사를 짓지는 않으시고 품을 주셨는데, 아마 가난하던 시절 소작농의 설움 때문에 논과 밭을 사신 것이 아닌가 싶다.

그래서 나에게 초등학교만 졸업하고 함께 농사를 짓자고 하신 것은 어떤 의미에서 아버님이 사셨던 땅을 물려주시려고 그러신 것이 아닌가 하는 생각이 든다. 장사도 하시면서 논과 밭을 사 두신 것은 생계를 한 가지에만 의지하지 않으시고 변화되는 상황에 유연하게 대처하기 위해서 그러셨던 것 같다.

두 시간 정도 걸려 내가 탄 트럭은 어느덧 서울에 도착하였다. 서울 구경은 처음이라 거리에 있는 모든 것이 신기했다. 그중에 제일 신기했던 것은 바퀴를 달고 쌩쌩 달리는 자동차들과 양복 입은 신사나 예쁜 한복을 입은 여인을 태운 인력거들이었다.

외갓집에 들러 하룻밤을 자고 아버님과 함께 시장에 갔는데, 시골에서는 본 적도 없는 것들이 많았지만 나에게는 오직 자전거 가게만이 눈에 들어오더구나. 특히 세발자전거를 보자 본능적으로 갖고 싶다는 생각이 들어 아버님께 사달라고 졸랐는데 아버님은 그것이 무슨 필요가 있겠느냐며 사 줄 수 없다고 단호하게 말씀하셨다.

자수성가하신 아버님으로는 사람이 사는 데 긴요한 것 외에 돈을 쓰는 것이 내키지 않으셨을 수도 있었고, 움직이는 기계에 대한 불신도 많으셔서 그러셨을 수도 있다는 생각이 든다. 아버님이 타고 다니던 트럭도 가끔 길에서 고장이 나서 움직이지 못할 때가 많았는데, 한겨울에 차를 고쳐야 했던 운전사는 아들 낳아 운전사 만드는 놈은 개아들이라고 투덜댔다는 말씀도 하신 적이 있었지.

나는 땅바닥에 주저앉아 사 주지 않으면 안 간다고 버티니 아버님은 나의 고집을 꺾을 수 없다고 생각하셨는지 선뜻 자전거를 사 주셨다.

나는 온 천하를 얻은 듯 기분이 좋았다. 가게에서 팔 물건과 함께 빨갛게 색칠한 예쁜 세발자전거를 뒤쪽 화물 적재함에 싣고 오는 길에는 창밖 풍경은 보지도 않고 오직 자전거가 잘 있는지 지켜보기만 했다. 어서 집에 가 그것을 타보고 싶은 마음뿐이었다.

집에 도착하자마자 나는 씻지도 않고 세발자전거를 탔다. 신이 나서 바퀴를 굴리다 보니 집에서 좀 떨어진 길가까지 나갔는데 거기서 우리 집에 자주 드나드시는 한 아주머니를 만나게 되었다. 그분은 세발자전거를 처음 보신 모양인지 내가 자전거 타는 것을 신기한 듯 바라보셨다. 그리고는 나에게 복 받은 아이라고 하시더니 아버님이 너에게 하시는 걸 보면 나중에 대학도 보내

주시고 유학도 보내주실 듯하구나, 라며 마음씨 좋은 웃음을 지으셨다. 나는 그 말을 왜 하셨는지 이해가 되지 않았는데, 시골에서 귀한 세발자전거를 타는 아이라면 부모님의 사랑을 듬뿍 받는 아이라서 커서도 그런 사랑을 받을 것이라고 여기셔서 하신 말씀일 것이라고 나는 생각을 했다.

    매일 자전거를 타고 집 근처 골목길을 누비는 것이 나의 일과였는데, 하루는 다른 아이들에게 자랑하고 싶어서, 아이들이 많이 모여 노는 면사무소 앞 공터로 자전거를 타고 갔는데, 그날이 나의 세발자전거와 이별하는 날이 된 것이다.

    세발자전거를 처음 본 아이들은 금방 호기심에 내 자전거를 중심으로 모여들었고, 다들 한 번만 타보자고 조르는 통에 하나하나 자전거를 타게 했는데, 세발자전거를 타기에는 나이가 많고 몸집도 큰 아이가 자전거에 올라앉는 순간 뚝하는 소리가 나며 앞바퀴 축이 부러진 것이었다. 마술처럼 내게 나타나 큰 기쁨을 준 장난감이 무용지물이 되는 순간이었다. 나는 엉엉 울며 목이 부러진 자전거를 질질 끌고 집으로 와서 아버님께 아무개가 타다가 부러뜨렸다고 하니, 아버님은 아이들끼리 놀다 그런 것이니 어쩔 수 없다고 하시며 그냥 지나치셨다.

지금 같으면 산소용접이나 전기 용접으로 간단히 고칠 수가 있겠지만, 그 당시에는 그런 방법이 있는 줄도 모르셨을 것이다. 그런데 아버님은 자전거를 버리지 않으시고 언젠가는 고치실 요량이셨는지 툇마루 위에 두셨다.

며칠 타보지도 못하고 망가진 것이 내게는 크게 아쉬웠던 모양이어서 지나칠 때마다 눈에 띄곤 했는데, 한국 전쟁이 일어날 때까지 적어도 2년 이상은 망가진 자전거를 고칠 방법을 궁리했던 것이 생각이 나는구나.

아버님이 내게 주신 것이 많이 있었겠지만, 내가 떼를 쓸 때 거절하지 않으시고 그 세발자전거를 사 주신 것이 나는 늘 고마웠다.

아버님의 사랑의 증표로 지금도 내 가슴 속에 남아 있다는 사실만으로도 그 자전거는 사명을 다한 것이라 할 수 있겠지.

6·25 사변이 끝나고 나서 고향에 와 보니 집은 다 타서 잿더미가 되었고 쑥대만 무성했는데, 자전거가 있던 자리를 들여다보니 불에 타 검게 녹슨 채로 그 자리에 있더구나. 아버님은 새로 집을 지으시고 불에 탄 자전

거도 고철 모으시는 곳에 던져 버리신 후, 내게 새로운 장난감을 만들어 주셨다. 그것은 인민군과 중공군이 버리고 간 기관포의 바퀴 네 개를 떼어서 만든 것인데, 요즘의 정원용 카트 정도의 크기로 아주 튼튼한 장난감 차였지.

얼마나 튼튼했던지 쌀 한 가마니 정도는 거뜬히 실을 수 있었고, 바퀴도 기름만 바르면 아주 부드럽게 잘 굴렀다. 앞바퀴는 쇠로 된 것이어서 구를 때 뚜루루 뚜루루 소리를 내는 것이 마치 오토바이가 달리는 소리처럼 들리기도 했지.

이 차를 밀면서 골목길을 다니는 것이 속도감이 있어 재미도 있고 스릴도 있어, 어느새 세발자전거에 대한 미련은 없어졌다. 그리고 그 차로 집안에 실어 나를 물건이 있으면 실어 나르기도 했다. 그것이 김장 배추든, 정미소로 갈 벼든 실어 나르는 일은 모두 내가 도맡아 하는 꼬마 트럭운전사가 된 것인데, 한마디로 아버님이 만든 이 장난감 차는 재미도 주었지만 실용적이었다.

나에게 이 장난감 차는 전의 세발자전거와는 다른 것이었다. 세발자전거는 나에게 일상을 집어삼킨 마약 같은 것이었다면, 이 장난감 차는 그저 잠깐의 휴식을 주는 티 타임(tea time)같은 것이었다고 할 수 있을 것이다. 공부하다가 잠시 쉴 때만 가지고 놀았을 뿐이었기 때문이지.

세발자전거는 내게 기쁨도 주고, 눈물도 주는 것으로 끝이 났지만, 지금에 와서 돌이켜 보면 그것이 내게는 선물이 된 것 같구나. 자전거가 고장 나지 않았다면, 나는 계속 자전거를 타느라 정신이 없었을 것이고 공부에는 취미를 붙이지 못했을 수도 있으니까 말이다.

"잃어버린 것을 놓고 마음이 슬퍼할 때 영혼은 새로 얻은 것을 놓고 기뻐한다."

위의 말은 심리학자 대니얼 고틀립이 장애가 있는 그의 손자를 위해 쓴 책에 나온 구절인데, 자전거를 잃어버린 내가 향학열이라는 것을 새로 얻게 된 것이니 이런 경우를 두고 한 말이라는 생각이 든다.

연재도 장난감을 가지고 놀 때가 가까워지겠구나. 요람에 누워 머리 위에 있는 모빌을 보며 방긋방긋 웃기도 할 것이고, 딸랑이를 손에 쥐고 흔들기도 하겠지? 연재가 행복해하는 모습을 보는 것이 연재를 사랑하는 이들의 소원이라면 연재의 장난감은 계속 늘어나겠지.

연재 할아버지가, 안녕!

아버님이 내게 주신 것이 많이 있었겠지만, 내가 떼를 쓸 때 거절하지 않으시고 그 세발자전거를 사 주신 것이 나는 늘 고마웠다.

12   빨간
물뿌리개

　내가 초등학교에 들어가기 전에, 어머니를 따라 읍내 초등학교에서 근무하시던 누님 집에 간 적이 있었다. 누님 집은 학교 인근에 있었는데, 그 전까지 내가 가본 집 중에서는 제일 근사한 집이었다.

　대문 안에 들어서면 안마당이 있었고 마당에는 물을 퍼 올리는 펌프와 빨래터가 있어, 우물로 물을 길으러 다닐 필요가 없는 집이었디. 안채는 한옥이었는데 마루를 유리로 된 분합문(대청마루 앞으로 한 칸에 네 짝씩 드리는 긴 창살 문)으로 막아 겨울에도 바람이 들지 않게 지은 집이었다. 뒤뜰에는 채소밭이 있었고, 닭과 오리를 키우는 곳과 돼지우리도 있었다. 큰 창고도 있었는데, 지금 생각하니 창고에 밭 가는 쟁기가 안 보였고 소가 없었으니, 소일거리 정도로 농사를 짓는 부유한 집인 것 같았다.

　누님은 사랑채를 빌려서 쓰셨는데 거기도 분합문이 달린 마루와 부엌이 딸려 있었으며 방도 꽤 넓었다. 장판은 양초 칠을 해 놓았는지 미끄러워 방에 들어갈 때, 넘어질 뻔하기도 했다.
　누님 방에는 시골에서는 볼 수 없는, 지금도 방 안의 풍경이 생생할 정도로, 신기한 것들이 많았다. 앉은뱅이책상, 그 위에 예쁘게 갓을 쓰고 있는 전기스탠드, 그 옆으로 수초 사이를 금붕어 두어 마리가 헤엄치고 있는 유리 어항 등이 나를 매혹했다. 그리고 전기풍로도 있었는데 부엌에 가지 않고 전기 코드만 꽂으면 밥도 짓고, 찌개도 끓여 먹을 수 있는 것도 신기하였다.
　내가 누님 집에 갔을 때가 여름방학이었던 것 같다. 그래서 여유가 있으셨는지 친구 집도 들르시고 학부모 집도 방문하셨는데, 그때마다 나를 대동하여 가셨다. 같이 걸을 때, 누님은 앞서가며 팔을 뻗치고 손바닥을 뒤로 향하시면 손을 잡자는 신호였고, 나는 뛰어가 누님 손을 잡고 팔을 흔들며 신이 나서 걸었다. 그리고 신이 난 것이 하나 더 있었는데, 가는 집마다 귀한 손님이 오셨다며 과일이나 과자 등을 내놓으신 것이 그것이다. 그때 먹었던 해태 카라멜의 달콤함은 지금까지 남아있는 듯하다.

　　나는 누님을 따라다니는 것이 좋았고 새로운 환경도 재미가 있었다. 그래서 어머니를 따라 시골집에 가지 않고 누님 집에 더 있다 가겠다고 하니 어머님은 누님께 나를 맡기고 혼자 시골집으로 가셨다. 누님은 밥을 먹을 때도 김치를 잘게 쪼개어 숟가락에 얹어 주시고 장조림이나 콩장도 그렇게 하셨다. 그리고 내가 잠들 때까지 동화를 들려주시기도 했다.
　　이렇게 재미있는 날들이 지나가던 어느 날 누님은 중요한 일이 있어서 금방 서울을 다녀 올 테니, 하루 이틀만 누님이 아는 사람 집에 있을 수 있겠느냐를 물으시는 것이었다. 그리고 오실 때는 꽃밭에 물을 주는 조그만 빨간 조로(물뿌리개를 그때는 조로라는 일본식 표현을 썼다) 사다 주시겠다는 것이었다. 집주인이 꽃밭에 물뿌리개로 물을 주는 것을 봤는데, 그것이 신기해 보이기도 하고 예뻐서 누님에게 사달라고 조른 적이 있었다. 그래서 누님은 서울에 따라간다고 할까 봐 그것을 사 주신다고 한 것이다.

나는 그때까지 한 번도 부모님이나 누님과 떨어져 지내본 적이 없어, 어린 나이인 내가 가족과 떨어져 지낸다는 것이 어떤 느낌인지 알 수가 없었다. 빨간 조로가 탐이 나 선뜻 그러겠다고 대답을 하였다. 그런데 그 대답은 며칠이었지만 나에게 악몽을 제공한 것이다.

누님이 나를 맡긴 곳은 아이가 없이 부부만 사는 집이었다. "빨간 조로 사 가지고 빨리 올게!"라고 하는 누님과 얼떨결에 손을 흔들며 헤어졌지만 멀어져가는 누님의 모습을 보니 왈칵 눈물이 솟기 시작하였다. 나는 억지로 눈물을 참고 그 집 마루에 걸터앉아 넋을 놓고 앉아 있었다. 부모님이 계신 집으로 가고 싶었지만 어떻게 해야 집으로 가는지 알 수도 없었다. 나는 저녁밥을 먹으라고 해서 방으로 들어갔지만, 밥상에 앉으니 다시 흐르는 눈물을 어쩔 수가 없었다. 그 집 아주머니는 나를 보며 "밥상에 앉아 울긴 왜 울어?"라며 퉁명스럽게 말씀하셨다.

나는 도저히 밥이 목에 넘어가지 않아 한두 수저 뜨다가 숟가락을 놓았다. 밤이 되니 부부 내외가 이부자리는 깔아 주었다. 눈물을 흘리다가 어떻게 잠이 들었나 본데, 깨보니 아침이었다. 세수를 하고 다시 밥상에 앉으니 또다시 내 눈에선 눈물이 주르르 흐르는 것이었다.

그 아주머니는 다시 볼멘소리로 "이 애는 밥상만 앉으면 우네!" 하는 것이었다.

아침 식사 후 그 부부는 종일 집을 비우고 저녁때나 돌아오곤 하였으니, 나 혼자 빈 집을 온종일 지키며 눈물로 시간을 보낸 셈이었다. 금방 오신다던 누님은 이틀이 지나고 사흘이 지나도 오시지 않았다. 나는 혼자 남아 이제나저제나 하며 멍하니 대문만 바라보는 것이 일과가 되어있었다.

며칠이 지나, 누님은 사 오신다고 약속한 빨간 조로와 나를 맡아준 집에 드릴 선물을 들고 오셨다. 누님을 보자 내 설움은 눈 녹듯이 사라지고 눈물은 온데간데없어졌다. 누님은 나를 맡아준 부부에게 사례하고 서울에서 과자를 사 왔다며 집에 빨리 가자고 하시며 내 손을 잡으셨다. 빨간 조로를 흔들며 누님 집으로 가는 길이 그렇게 포근할 수가 없었다. 며칠이었시만 크나큰 슬픔 속에 여러 날 고생을 했던 그때의 기억은 지금도 아찔하다.

안녕!

13   엉터리 골목 대장을 추억하다

1

내가 초등학교에 입학했을 때는 6·25 사변이 일어나기 약 1년 전쯤이었고, 우리 동네는 38선이 가까워 인민군의 남침을 막기 위해 국방군이 들어와 주둔하고 있었다. 새벽이면 기상나팔 소리기 나고 저녁이면 구성진 취침나팔 소리가 났으며 식사 시간에는 또 다른 나팔 소리가 났는데 내 또래의 아이들은 그 소리를 "보리밥, 보리밥 꽁보리밥 콩나물국에 말아서 식기 전에 먹어라."라고 가사를 붙여 따라 하기도 하였지.

   그런 분위기에 영향을 받아서였던지 내가 사는 동네에 어린이 골목 부대가 창설(?)되었는데 그 부대 대장은 나보다 대여섯 살 위인 키도 크고 잘생긴 소년이었다. 골목 대장의 집은 동네에서 제일 큰 일본식 주택이었고 대문 안에 들어서면 넓은 안마당과 뒷마당이 있어 우리 골목부대원들이 모여 병정놀이하기에 적당했다. 방도 여러 개 있었는데, 온돌방 외에도 일본식 다다미(일본식 방의 바닥에 까는 돗자리)방이 꽤 커서 우리 골목 부대의 아지트가 되기에는 안성맞춤인 집이었다.

어느 일요일 아침 우리 부대는 대장 집, 우리가 연병장이라고 명명했던, 안마당에 모여 계급장을 달아 주는 놀이를 하였는데, 계급장은 두툼한 종이에 계급이 인쇄된 것으로 가게에서 파는 것이었다. 대장은 우리를 키 순서대로 일렬로 서게 한 다음 한 사람씩 앞으로 나오게 하여 가위로 오린 계급장을 준 후 풀로 가슴에 붙이게 하였다. 대장은 별이 다섯 개나 달린 원수급이었고 나머지 대원에게는 학년을 기준으로 조금씩 낮은 계급장을 달아 주었는데, 나는 저학년이어서 이등병 계급장을 달게 되었다.

그래도 생전 처음 받는 계급장이니 좋아하며 가슴에 붙이고 있었단다. 그런데 이 골목 대장에게는 남자 동생 둘이 있었는데 한 아이는 나하고 동갑이고 한 아이는 나보다 어렸는데도 나보다 훨씬 높은 계급장을 달아 주는 것이 억울했지만, 나는 아무 말도 할 수가 없었다. 대장이라는 아이는 나보다 덩치가 훨씬 커서 주눅이 들어서 그랬던 것 같기도 하다.

　　우리는 계급장 수여식(?)을 마친 후, 대장의 명령에 따라 "좌향 앞으로가!" "우향 앞으로가!" 등의 제식 훈련을 하면서 연병장이라고 불렀던 뒷마당으로 갔다.

　　뒷마당에는 큰 우물이 하나 있었는데, 동네에서 유일하게 있는 것이었다. 마을 사람들은 동네 산비탈 끝자락에 있는 샘에서 물을 퍼서 물동이로 이고 가거나 물지게로 힘들게 져다 마셨는데, 이 집은 그런 수고로움이 필요 없는 집이었다.

　　우물은 까마득하게 깊어 내려다보면 눈이 아찔할 정도였다.

　　대장은 우리를 우물 주변에 둘러서게 한 후, 갑자기 두레박 밧줄을 풀더니 그것을 우물 속에 냅다 던졌다. 우리는 뜬금없는 대장의 행동에 놀라 눈이 휘둥그레졌는데, 대장은 태연하게 동네에서 말괄량이로 소문난 자기 누나를 부르는 것이었다.

　　누나가 오자 대장은 두레박이 빠졌으니 건져야겠다며 우물 속을 손가락으로 가리켰다. 대장의 누나는 시큰둥한 표정을 짓더니 갈고리가 달린 긴 장대를 가지고 아무 말 없이 우물 토관 위에 올라앉더니 두 다리를 벌려 돌을 디디고 한 발씩 우물 속으로 내려가는 것이었다.

　　한 발 만 헛디뎌도 우물 속으로 떨어질 것 같아 우리는 숨을 죽인 채 들여다보고 있는데 정작 그 누나는 태연하게 내려가고 있었다. 아마 전에도 여러 번 해본 것 같았다. 다 내려가더니 장대로 우물을 휘저어 두레박을 건져 올린 후 밧줄에 다시 묶어 올려보내고, 다시 한 발 한발 올라오는 그 누나를 손에 땀을 쥐고 지켜보던 우리는 그 누나가 우물 밖으로 나온 후에야 "휴-"하며 안도의 한숨을 쉬게 되었다. 이마에 땀을 닦으며 집 안으로 들어가는 누나를 보고 대장은 씩 웃더니 "오늘 훈련은 이만 끝!"이라고 하며 골목 부대를 해산시켰다. 이런 재미있는 이벤트를 가끔 보여 주어야 부대원들의 이탈을 막을 수 있다는 것을 본능적으로 안 영특한 대장이 연출한 서커스 공연이었던 것이었다.

2

부슬부슬 비가 오는 어느 날이었다.
　　　대장은 우리를 자기 집 다다미방으로 오게 한 후,

한쪽에 모여앉게 했다. 비 오는 날이니 훈련 대신 너희들도 알아야 할 중요한 이야기를 해주겠다며 음흉한 미소를 짓더구나. 그 이야기는 그 또래 아이들이 호기심을 가질 만한 남녀 성기에 관한 것이었다. 자기 딴에는 성교육이랍시고 한 것 같은데, 엉터리 골목 대장의 엉터리 성교육이었던 것 같다. 이어서 그는 대원들에게 별명을 하나씩 붙여주겠다면서, 앞으로는 이름 대신 별명으로 부르겠다는 것이다. 일일이 한 명씩 일으켜 세워 별명을 지어주었는데, 그 또래 아이들이 그렇듯, 생김새에 따라 별명을 즉석에서 만들어 주었다.

당시에는 어린 아기가 태어나면 똑바로 눕혀 키우는 경향이 있어서 머리통이 납작한 아이들이 많았는데 그중에서도 제일 납작하고 옆으로 찌그러지기까지 한 아이는 단추 찌그레이.

얼굴이 동그랗고 얼굴에 점이 있는 안씨 성을 가진 아이에게는 "안점아점 똬리!"

내 차례가 돌아오자, 나도 모르게, 묘한 긴장감이 들더구나. 대장은 다른 아이들과 마찬가지로 일으켜 세우더니 표주박 대가리 돈 할아범이라는 별명을 지어 주었다. 머리통이 동그래서 마치 표주박과 비슷하고, 얼굴은 당시 통용되던 지폐에 그려진 할아버지(세종대왕) 얼굴과 비슷하다고 해서 붙여준 별명인 듯한데, 속된 말로 된 별명이라서 그런지 기분이 좋지는 않았던 것 같다.

　　다 기억할 수는 없지만 이런 식으로 그 사람의 특징에 따라 열댓 명의 별명을 붙여주고 이후에도 헷갈리지 않고 그 별명을 불렀으니 그 창의력과 기억력이 놀라웠다고 해야 할 것이다.

3

진달래꽃이 만발한 어느 일요일이었다. 우리 골목 부대는 신사(神社:일본 사람들이 자기네 황실의 조상이나 국가에 공이 큰 사람을 신으로 모신 사당) 산으로 행군을 하였다. 신사는 해방 후 한국 사람들이 불을 질러 타서 없고 절터만 남아있었다. 사람들은 신사가 있던 산이라 하여 신사산이라고 불렀는데, 그 산은 원뿔형으로 생긴 그리 높지 않은 산으로, 돌들이 쌓여 이루어진 돌산이었다.

　　돌들로 이루어진 돌산이라 나무는 없었지만, 돌 틈에 여기저기 진달래 군락이 있어 우리는 만발한 진달래꽃을 따서 먹으며 정상을 향해 올라갔다. 정상에 올라오자 대장은 우리를 일렬로 서게 한 후 바윗돌을 아래로 굴리게 하였다. 적들이 위로 올라온다고 가정하고 바윗돌을 굴리라는 것이었다. 바위산이어서 바위가 지천으로 깔려있었는데, 바윗돌이 굴러가다 다른 바윗돌에 부딪히면서 내는 굉음은 진짜 전쟁터에 있는 것처럼 실감이 났었다.

　우리는 이 새로운 놀이에 신이 나서 열심히 돌을 굴리고 있는데 대장이 갑자기 돌 굴리기를 중지시켰다. 이유는 자기가 다쳤다는 것이었는데, 가까이 가서 보니 큰 부상은 아니고 이마에 작은 생채기가 나 있었는데, 아마 돌이 깨지면서 그 파편이 날아가 상처가 났던 것 같았다. 그런데 문제는 내가 자기와 가장 가까운 곳에서 돌을 굴렸으니 내게 책임이 있다는 것이었다. 좀 어이가 없었지만, 그래도 상처가 생긴 것은 맞으니까 나는 미안하다고 하면서 우리 가게에서 파는 소독약이 있으니 가져다주겠다고 했나. 대징은 고개를 끄덕이더니, 이 일을 나의 담임선생님에게 이를 수도 있다며, 그러면 나는 반장을 할 수 없을 것이라며 협박을 하였다.

　따지고 보면 대장인 자기가 주동했으니 대장 잘못이 제일 큰 것인데도 어린 나는 반장도 반장이지만 아버님이 돌산에서 위험하게 놀았다는 것을 알게 될까 봐 그것이 두려웠다.

우리는 대장이 상처를 입어 더 이상 놀이를 할 분위기가 아니어서 산에서 내려가기로 했다. 대장은 내려오면서 산에는 문둥병자가 숨어 있을 수 있다며 조심히 내려가야 한다며 우리에게 겁을 주었다. 문둥병자가 진달래꽃을 따 먹으러 오는 아이를 만나면 죽여서 간을 빼먹는데 그렇게 하면 문둥병을 고칠 수가 있기 때문이라는 것이었다. 우리는 문둥이가 금방이라도 나타나 쫓아올 것 같아 겁을 먹고 허겁지겁 뛰어 산에서 내려왔다.

나는 산에서 내려오자마자 약속한 대로 옥도정기라는 소독약 한 병을 대장에게 가져다주었는데, 대장은 이것만으론 안된다 하며 너희 가게에서 과자도 좀 가져오라는 것이다.

어린 나는 미안한 마음과 담임선생님에게 이른다는 말이 무서워 아버지 몰래 가게에서 파는 과자를 한 주머니 갖다 주었는데 그 후로도 여러 번 그런 협박에 시달려야 했다.

따지고 보면 내가 잘못한 것도 없는데 어린 나이라 어쩔 수 없이 당한 억울한 일이라 할 수 있을 것이다.

억울한 일까지 당하면서, 엉터리 골목 부대에 나가지 않으면 그만이었을 텐데, 나가지 않으면 소위 말하는 왕따 당하는 기분이 들어서 같이 어울렸던 것 같다. 타인과 관계를 맺고, 누군가에게 인정받고자 하고, 그 인정을 통해 자신의 존재가치를 확인하고자 하는 것이 인간의 본성인데, 더구나 그때의 나는 그러한 것이 정말 중요했을 것이다. 물론 같이 놀러 다니는 재미도 그들과 어울리는 중요한 이유였을 것이다.

4

골목 부대는 6·25사변이 일어나 마을 사람들은 피난을 가게 되어서 자동으로 해산이 되었다. 전쟁이 끝나고 고향에 다시 돌아와서 예전과 같이 골목 부대 아이들과 어울렸지만, 골목 부대 이야기는 전혀 하지 않았다. 직접 경험한 전쟁의 참혹함이 전쟁놀이에 대한 거부감으로 작용했을 것이다.

    골목 부대는 완전히 사라졌지만 꽤 성숙해진 골목 대장은 여전히 우리 또래에 스타로 군림하는 저력을 보여주었다. 대장은 어디서 구했는지는 모르겠지만 귀한 유성기를 갖고 있었다. 그래서 저녁이 되면 동네 아이들을 자기 집에 불러 모아 음악 감상을 하게 하였는데, 일본 엔카를 번안한 가요가 대부분이었다.

대장은 판 하나를 튼 후에는 바늘을 갈아야 한다면서 바늘통에서 다른 바늘을 골라 갈아 끼웠는데, 우리는 신기한 듯이 보고 있었지만 지금 생각해보니 새 바늘이 아닌 쓰던 바늘을 다시 골라 끼웠으니 멋만 부린 엉터리 디스크자키(disc jockey)이었지. 그때 따라 부르던 노래를 이제는 다 잊었고 단지 한 구절 "기차는 떠나갑니다."하며 간드러지고 애절하게 부르던 여자 가수의 이별 노래가 아직도 귓전에 남아 있구나.

5

세월이 지나 대장은 내가 입학시험을 보러 갔을 때는 이미 고등학생이 되어있었다. 나는 수험표를 가져오는 것을 잊고 다른 아이들이 가슴에 수험표를 붙인 것을 보고야 생각이 났다. 안절부절못하고 있는데 옛 부하들(?)을 격려하러 왔던 대장은 나의 당황한 표정을 보자마자 한순간도 지체하지 않고 자기가 집에 가서 가져다주겠다며 걱정하지 말라며 교문을 향해 뛰어갔다. 20리가 넘는, 통학 버스도 드문드문 다니던 먼 길을 간 것이다. 대장이 그 길을 가서 수험표를 가지고 온다고 해도 나는 시험을 보지는 못했을 것이다. 다행히 시험은 누님이 학교에 급하게 부탁을 하여 수험표를 재교부 받아 무사히 치렀으나 경황이 없어서였는지는 모르겠지만, 시험을 치르고 나서 대장에게 고맙다는 인사를 하지 못했던 것 같다.

6

봄철 개교기념일에 전교생이 왕복 10km 되는 거리를 마라톤을 하였다. 나는 최선을 다하여 달리고 있었지만, 1학년 꼬마라 그런지 조금씩 뒤처지기 시작했다. 1/4 지점쯤에서 나는 대장을 만나게 되었는데, 알고 보니 대장은 뒤로 돌아보고 내가 뛰어오는 것을 보더니 멈추어서서 나를 기다린 것이었다. 대장은 선뜻 내 손을 잡더니 자기와 함께 열심히 뛰자는 것이었다. 대장의 손을 잡고 함께 뛰니 힘이 덜 들었지만, 대장은 나를 끌고 뛰어야 했으니 혼자 뛰는 것보다 훨씬 힘이 들었을 것이다.

    옆에서 뛰던 대장의 친구는 대장에게 내 손을 잡고 뛰면 꼴찌 할 테니 혼자 뛰라고 하였는데, 대장은 꼴찌를 해도 좋으니 '이 아이를 버리고 갈 수 없다'고 말하면서 나와 같이 뛰겠다며 그 친구에게 앞서가라는 손짓을 하였다.

　　우리는 계속 뛰어 반환점에서 팔에 도장을 받고, 기진맥진한 상태에서 골인 지점에 도달했는데, 7등이었다. 놀라웠다. 대장이 혼자 뛰었다면 1등은 문제가 없었을 테고 상을 놓쳐 서운할 수도 있었을 텐데, 대장은 오히려 내 등을 두드려 주며 잘 뛰었다고 기뻐해 주었다. 철없던 엉터리 골목 대장은 옛 부하(?)를 위하여 희생을 감수하는 위대한 대장이 되어있었다.

　　안녕!

어느 일요일 아침 우리 부대는 대장 집, 우리가 인병장이라고 명명했던, 앞마당에 모여 계급 장을 달아 주는 놀이를 하였는데, 계급 장은 두꺼운 종이에 계급이 인쇄된 것으로 가게에서 파는 것이었다.

14 넷째 손가락의 비밀
(아들 며느리에게 보내는 편지 중에서)

혜원, 성호 보아라:

　내가 초등학교에 들어가기 전이었다. 어머님과 내가 읍내 누님 집에 들렀을 때인데, 누님이 근무하시는 초등학교에 나를 데리고 가셨다. 아마도 내가 취학 연령이 거의 되었으니 학교에 적응시키시려 그러셨을 것이다.
　쉬는 시간이면 누님은 자신의 책상 옆에 의자를 가져다 놓고 나를 앉히시고, 내게 그림책을 보여 주시기도 하고 교무실 구석에 놓여있던 풍금 앞으로 데리고 가서 풍금을 치는 방법을 가르쳐 주시기도 하였다.

점심을 먹고 5교시 수업 시간이 되자 누님이 교실에 들어가시며 나에게 그림책을 보고 있으라고 하셨다. 다른 선생님들도 수업하러 교실에 들어가 빈 교무실이 되었다. 한 선생님이 남아있었지만, 책상에 엎드려 주무시고 계셨다. 선생님들이 없으니 나는 교무실 이곳저곳을 다니면서 마음껏 구경할 수 있었는데, 한 번도 본 적이 없는 것들이 많아서 나의 눈은 바쁘게 움직였다. 그 와중에 나의 관심을 끄는 것이 있었는데, 그것은 사이렌이었다. 대부분 학교는 종을 쳐서 수업의 시작과 끝을 알렸지만, 이 학교는 학교가 커서 그랬는지 사이렌이 그 역할을 하고 있는 것같았다.

　　나는 사이렌이 걸려있는 창가로 가 그 사이렌의 손잡이를 돌려 보았는데, 조금만 돌려도 앵~ 소리가 나며 잘 돌아갔다. 철없는 내가 그것을 계속 돌리고 있으니 주무시고 계시던 선생님이 "야 이놈아! 그걸 돌리면 어떻게 해!" 하며 소리를 지르셨다. 나는 놀라서 사이렌을 정지시킨다는 것이 손잡이를 잡지 않고 사이렌을 잡았는데, 그때 내 오른손 넷째 손가락이 그 속으로 들어가 버렸다. 손가락 마지막 마디가 뼈까지 3분의 2쯤이 잘리고 살만 조금 남아 있을 만큼 크게 다치게 된 것이었다.

내가 다쳤다는 것을 알게 된 누님이 급히 달려오시더니 손수건으로 손가락을 감아 지혈을 시키고 읍내 병원으로 나를 데리고 갔다. 응급차가 없던 시절이니 걸어서 갈 수밖에 없었는데, 나는 손가락이 아파서 울며 걸었고, 내 손가락을 잡고 걷던 누님도 눈물을 흘리며 걸었다.

처음 들어간 병원은 외과 병원이었는데, 내 손가락을 진찰한 의사 선생님은 뼈까지 잘렸으니 손가락의 마지막 마디를 잘라내야 한다고 하며 그렇게 하지 않으면 손가락이 썩을 수도 있다고 말씀을 하시는 것이었다. 의사인 입장에서 돌이켜 생각하면, 그 시절은 지금처럼 좋은 항생제도 별로 없었을 때이고 상처가 워낙 컸으므로 그 말도 어느 정도 이해가 간다.

내 손가락을 자를 수는 없다고 생각한 누님은 나를 데리고 또 다른 병원 두어 곳을 찾아가 보았다. 하지만 손가락의 마지막 마디를 잘라내야 한다는 답변만 들을 뿐이었다. 누님은 다시 나를 데리고 누님이 잘 아시는 치과병원으로 갔다.

누님은 그 치과의사에게 사고 난 상황을 자초지종 말씀드린 후, 나의 손가락을 잘라야 하는 상황만 피해

달라고 눈물로 애원을 하셨다.

　　치과의사 선생님은 누님을 진정시킨 뒤에 내 손가락을 자세히 관찰하시더니, 정성스럽게 손가락을 꿰매고 붕대로 감아주셨다. 그리고 "이것이 붙으면 기적입니다."라고 하시며 "어린아이이기에 붙을 수도 있으니 열심히 치료해 보자."라며 위로의 말씀을 하여 주셨다.
　　밤이 되자 마취가 풀려서인지 상처가 쑤시며 아팠다.
　　누님은 의사 선생님의 지시대로 내 손을 붕대로 고정하여 문설주에 매달아 움직이지 않게 하셨는데, 나는 꼼짝도 하지 못하고 요 위에 누워서 고통을 잊기 위해 잠들기만을 기다렸다. 어떻게 잠이 들었는지도 모르게 잠이 들어 아침에 깨어났는데, 어머님과 누님은 내 옆에 앉아서 나를 지켜보고 계신 것이다. 밤새 나를 걱정하며 밤을 지새우신 것 같아 미안하고 고마운 마음이 들었다.
　　나는 매일 치과병원에 가서 치료를 받았는데, 의사 선생님의 정성 어린 치료, 그리고 어머님과 누님의 극진한 간호로 뼈도 다시 붙고, 손톱도 깨끗하게 다시 났고, 상처도 잘 아무는 기적이 일어나게 되었다. 그러나 워낙 상처가 깊어서였던지 그 손가락 마지막 마디가 약간 잘

록해질 만큼 흉터가 남았지만 손등 쪽에서는 자세히 보지 않으면 흉터가 보이지 않았다.

그만큼 된 것도 천만다행이었다. 다쳤을 때, 처음 간 외과 병원에서 치료를 받았다면 나의 네 번째 손가락은 잘렸을 것인데, 다행히 포기하지 않은 누님이 치과병원을 데리고 간 것이 행운이었다고 할 수 있을 것이다. 물론 치과의사의 정성 가득한 치료와 누님의 나에 대한 애정이 그런 행운을 가져다준 것이겠지만 말이다. 만약에 잘려서 손가락 한 마디가 없는 사람으로 살았다면 보기에 좋지 않았을 것은 물론이고, 열 손가락을 다 사용해야 하는 악기 연주는 어려워, 나의 중학교 시절 내게 큰 즐거움을 준 밴드부 활동은 어림도 없는 일이었을 것이다.

누님은 내세 아비님에게는 이 일을 비밀로 하자고 하셨는데, 나 또한 비밀로 하고 싶었다. 늦은 나이에 얻으신 외아들이 다치신 것을 아신다면 크게 슬퍼하셨을 것이고, 누님에게도 좋지 않은 말씀을 하실 것이 자명했기 때문이다. 내가 다친 것은 전적으로 나의 잘못인데, 누님에게까지 화가 가게 하고 싶지는 않았던 것 같다.

지금도 내가 말하지 않으면 아무도 내 손가락의 흉

터를 볼 수가 없어 나만의 비밀을 지킬 수가 있지만, 글씨를 쓸 때는 오른손으로 펜을 잡게 되니 넷째 손가락 마지막 마디가 밖으로 삐죽이 밀려 나오며 그 흉터를 내게 보여 주게 되는데, 이 흉터를 볼 때마다 내 손가락을 정성을 다해 치료해 준 치과 의사 선생님이 떠오른다. 의사가 된 지금, 나를 찾아오는 환자들을 진료할 때마다, 내게 최선을 다해 준 그 치과의사처럼 나도 그들에게 정성을 다하려고 노력하게 되었다.

안녕!

시골집 보리밭

15 피란민 초등학교 시절

1.4 후퇴 때, 우리는 다시 피란을 가게 되어 충청도로 피란을 갔었다. 정확히 어디인지 기억나지는 않은데 과수원을 하는 집의 오두막집에서 머물게 되었다.

아버님과 친척들은 고향이 수복되었다는 소식을 듣고 고향으로 먼저 떠나셨고, 어머니와 누님 그리고 나는 전선이 불안하니, 안정되면 그때 집으로 가겠다고 하면서 남게 되었다.

우리 세 식구는 그 집 윗방에서 살았는데, 과수원 주변에 자라고 있는 풀을 베어 말린 것을 난방에 썼는데, 불이 아주 잘 탔다. 그래서인지 윗방도 따뜻하고 아늑해서 피란살이를 하고 있었지만 지낼 만하였다. 가끔 아궁이 속을 들여다보곤 했는데, 불길이 소용돌이를 치며 구들 속으로 들어가는 것이 마치 살아 있는 동물을 보는 것 같아 재미도 있었다.

과수원에는 사과나무와 배나무가 있었는데, 아직 어려서인지 열매는 열리지 않았다. 그 너머에 큰 밭이 하나 있었는데, 열무를 심어 놓은 밭이었다. 그리고 과수원에는 우물도 있었는데, 물이 풍부해 두레박을 쓸 일이 없었고 물바가지로 직접 떠서 마실 수가 있었다.

피란 초기에는 초등학교 선생님인 누님에게 월급 대신 쌀 배급이 나와서 먹고 살 수 있었으나, 전쟁이 길어지면서 그것도 끊어지고 가지고 있던 돈도 다 떨어지게 되자 살길이 막막해졌다. 어머니는 입에 풀칠이라도 하려면 무엇이든 해야 한다며 시장에 나가 옷을 수선하는 일을 하셨고, 누님은 대전역사 청소를 하셨다. 어머님과 누님 덕분에 전쟁 중에도 밥은 굶지 않고 지낼 수가 있었다.

나는 어머니를 따라 시장에 가는 것을 좋아했는데, 신기한 물건도 많고 먹을 것도 많아서 그랬던 것 같다. 가끔 어머니가 먹을 것도 사 주셨는데, 그중에서 오징어 삶은 것이 제일 기억난다. 삶은 오징어를 초고추장에 찍어 먹던 맛이 얼마나 좋았는지 그 맛에 대한 기억이 생생한데, 그때 그 맛이 그리워 집에서 사다 먹어 보아도 옛날의 그 맛을 찾을 수가 없더구나. 아마 배고프던 시절이어서 그렇게 맛이 좋았을 것이다.

　　어머니는 재봉 일도 하시면서 과수원에서 열무를 떼어 시장에서 파셨는데 고개가 부러질 만큼 많이 이고 가서 팔아야, 저녁때 하루 양식인 보리쌀 한 되 정도를 사 오실 수 있으셨다고 하셨다.

　　전쟁이 길어지다 보니, 피란민 아이들의 교육을 손 놓고만 있을 수 없었던 수 없었던 정부는, 피란민을 위한 초등학교를 개교하고 학생을 모집하였다. 나는 어머니와 함께 학교를 찾아가 2학년에 입학하였는데, 말이 학교이지 아무런 시설도 없었다. 교실도 없이 강변 모래사장에 가마니를 깔고 칠판 하나를 세워 놓은 것이 전부였고, 천막도 지붕이 없어서 비 오는 날은 학교는 쉬었다. 피란민인 학생들이 도시락을 싸 오는 것도 어려웠을 테고, 낮에 햇볕이 뜨거우면 공부할 수도 없었다. 천막도 없었으니까 말이다.

　　교실도 없는 학교에 장난기 가득한 또래 아이들이 수업을 받고 있으니 항상 시끄러웠다. 선생님이 출석을 불러도 이름이 정확하게 들리지 않아 자기 이름과 비슷한 이름이 들리면 대답을 하였는데, 동시에 여러 명이 대답을 해도 그냥 넘어갔다.

교실 구분도 되어있지 않으니 자기 반을 찾기도 어려웠고 적당히 아무 자리나 빈자리에 앉으면 그만이었다. 전쟁 중이니 제대로 된 교과서도 없었고 큰 종이에 배울 내용을 인쇄한 후 여러 번 접어서 실로 꿰맨 얇은 교재를 나누어 주었다. 이런 교재 한두 권과 노트 하나, 필통에 연필 한 자루, 지우개 하나가 전부였다. 책가방도 없으니 이것들을 보자기에 둘둘 말아 어깨에 비스듬히 묶어 매고 다녔는데, 걷거나 뛰면 필통의 연필이 박자를 맞춰 덜그럭거리는 것이 아주 재미가 있었다.

사방이 시끄러워 선생님의 소리는 잘 들리지도 않아 무엇을 배웠는지 모르겠으나, 단지 선생님을 따라 큰 소리로 구구단을 함께 외우는 것은 가능했는데, 2단에서 5단까지 외울 수 있게 된 것은 전쟁 중에 얻은 나름의 수확이었다.

학교에서 집에 돌아오면 어머니는 열무를 팔러 시장에 가셨고, 누님도 대전역으로 일하러 가셨기 때문에 점심은 늘 혼자 점심을 먹었는데, 쌀 한 톨도 안 섞인 꽁보리밥과 열무김치뿐이었지만 맛은 좋았다. 나도 모르게 누님 밥까지 먹을 것 같아 밥에 금을 그어 놓고 먹기도 했었다.

전쟁 중이었지만 가을이 되니 소풍을 간다고 선생님이 미리 말씀하시더구나. 6·25가 일어나기 전, 소풍 갔을 때 어머님이 김밥과 밤, 사과, 배 등의 과일과 사이다 캐러멜 등 먹을 것을 가지고 따라와 주셨던 기억이 났다.

그러나 피란 중이었던데다가 우리 집 사정이 좋지 않아져서 겨우 굶지 않고 연명해 가는 것을 그나마 다행이라고 생각하던 때였다.

나이가 어렸던 나도 그것을 잘 알고 있었던지라 소풍에 아무 흥미가 없었다. 그래서 어머님께 말씀드리지도 않았고 나도 잊고 있었다. 그래서 소풍 가는 날도 나는 여느 날처럼 책보만 들고 학교에 갔다.

전쟁 중의 소풍이었지만 다른 아이들은 먹을 것을 가지고 왔고 간혹, 부모님이 따라온 아이도 있었다. 나는 먹을 것도 가지고 오지 못해서 소풍에 따라나서고 싶지 않았다. 하지만 이유를 선생님께 말씀드리기가 싫어 그냥 대열에 끼어 따라가고 있었는데, 나와 짝이 되어 옆에서 걸어가던 아이가 "너는 먹을 것을 가지고 오지 않았어? 빈손이네?" 하고 물었다. 나는 그냥 가져오는 것을 까먹었다고 하니, 그 아이는 오징어 구운 것을 꺼내어 나에게 조금 찢어 주었는데 괜히 부끄러워 먹기가 싫었지만, 군침이 도는 것을 참을 수가 없더구나. 그것을 먹으면서 목적지에 도착하였다.

점심시간이 되어 다른 아이들이 공터에 밥을 먹기 위해서 자리를 잡을 때 나는 아이들 눈에 뜨이지 않는 언덕 아래 냇가에 갔다. 그곳에 있는 바위에 앉아 물속에 헤엄치는 작은 물고기들을 보면서 배고픔을 참으며 시간을 보냈다. 돌아가기 위해 학생들을 소집하는 호각 소리가 난 후에야 다시 대열에 끼어 집으로 왔는데, 거리가 좀 멀었던지 저녁나절에야 집에 도착하였다.

우물가에서 보리쌀을 씻으시던 어머님은 왜 이렇게 늦었느냐고 걱정을 하셨다. 나는 아이들과 놀다 오느라고 늦었다고 거짓말을 할까 하다가 그냥 솔직하게 소풍 갔다 오느라고 늦었다고 말씀드렸다. 어머님은 그 말을 듣고는 소풍 간다고 왜 말을 하지 않았냐며 지금까지 밥도 먹지 못하고 있었으니 얼마나 배가 고프겠냐며 속상해하시면서 눈물을 흘리셨다. 그 모습을 보고 흐르는 눈물을 참을 수가 없었지만, 일부러 세수하며 눈물을 감추고 있었는데 인심 좋은 우물은 여전히 물이 철철 넘쳐 흐르더구나.

가을이 깊어지자 우리는 먼저 떠나신 아버님이 계신 고향을 향해 짐을 꾸렸는데, 피란 생활을 끝내고 고향으로 가는 것이 무슨 개선장군이라도 된 듯이 기뻤다. 어머님과 누님이 푼푼이 모은 돈으로 기차표를 샀고, 우리는 그동안 먹지 못한 흰쌀밥과 귀한 배추김치를 하여 도시락을 싸 가지고 기차역으로 갔다. 전쟁 상황이 유동적이라 그랬는지 정부는 피란민들이 수복지로 돌아가는 것을 권하지 않았다. 따라서 여객 열차는 운행되지 않았으나 돈을 내면 빈 화물칸에 탈 수는 있었다.

　우리는 화물칸 바닥에 신문지를 깔고 앉아 가지고 온 도시락을 펴 놓았는데, 마치 소풍이라도 온 것 같더구나. 맛있게 밥을 먹고 있는데 어머님은 우리가 그동안 먹지 못했던 흰 쌀밥과 배추김치를 옆자리에 앉은 가족에게 나누어 주셨다.

　그 가족은 그 밥을 먹으면서도 연신 우리에게 고맙다는 인사를 하였다. 피란 중이었으니 제대로 밥을 먹지 못했을 그 가족에게는 평생 잊지 못할 식사였을 지도 모를 일이다. 그때를 살았던 사람들은 다들 배가 고팠으니까.

　부처님의 말씀엔 이런 구절이 있더구나. "너희가 나누어 주는 것의 힘에 관해, 내가 알고 있는 것을 깨닫는다면, 단 한 끼의 식사라도 어떤 식으로든 나누지 않고는 견딜 수 없을 것이다."

그럼 안녕!

추신:

연재는 엄마 젖이 넉넉하여 지금까지 잘 먹고 있다니 고마운 일이구나. 먹을 복은 타고났다고 볼 수 있겠지? 연재에게는 이 할아버지가 겪었던 배고픔이나 고통의 세월이 다시없는 복된 세월만 있기를 바라는 마음뿐이로구나.

16 잊지 못할
유년의 크리스마스

1

6·25 사변은 너희들도 잘 알겠지만, 한민족이 겪은 참혹한 전쟁이었다. 수많은 사람이 집과 생활의 터전을 잃고 전쟁의 틈바구니에서 이리저리 쫓기며, 총탄과 질병으로 소중한 가족을 잃고 눈물을 흘려야 했고, 타관객지를 정처 없이 떠놀며 굶주리고 헐벗있으며 추위와 디위를 건디어야 했다. 아파도 병원 한 번 찾을 수 없었고, 약 한 번 제대로 써 보지도 못하며 살아남는 것이 유일의 희망이었던 피난 생활은 참으로 처절했다. 다행히 유엔군의 참전으로 밀고 밀리는 2년여의 전투 끝에 정전회담이 시작되면서, 피란민들은 고향으로 가기 시작하였다. 그

러나 정전회담은 지지부진하여 금방 끝날 것 같은 전쟁도 여전히 진행 중이었다. 이에 정부는 전방 지역은 위험하다고 판단하여 수복지구로 피란민이 돌아가는 것을 권장하지 않았다. 하지만 정부도 고향을 찾아 돌아오는 사람들을 막을 수는 없었다.

고향에 돌아와 보니 그 모습은 처참하였다. 전투가 워낙 격했던 38선 부근이라 포탄 파편과 탄피들이 여기저기 널려있었고, 집들은 불에 타 뼈대만 앙상하게 남아 있었다. 말 그대로 쑥대밭이었다. 사람들은 움막이라도 짓고, 봄이 오니 어떻게든 씨앗을 구하여 농토에 씨를 뿌리기도 했지만 당장은 먹을 것이 없었다. 다행히 미국과 참전국에서 보내 준 구호품이 전달되어 옷가지며 수수쌀, 안남미, 우윳가루 등으로 연명할 수 있었다.

워낙 부지런한 한국 사람들은 미군이 주둔하고 있는 부대 옆 개울가에 나가 그들의 군복을 빨래해주었는데, 인심 좋았던 미군들은 세숫비누를 한 아름씩 안고 나와 수고비로 주고 갔으며 초콜릿이며 양담배도 한 상자씩 주고 갔다.

이것들을 팔아 생활 도구와 옷을 만들 천을 살 수가 있었는데, 마을 근처에 주둔한 미군 덕분에 생활에 전쟁통에 없어진 생필품도 다시 갖게 되었고 남루한 피란민 옷을 벗을 수가 있었다.

　전쟁이 막바지로 치닫자 미군 부대도 철수하기 시작하였다. 그들이 떠날 때는 새것이나 다름없는 담요나 식기류, 그리고 군복들을 버리고 가는 경우가 많았는데, 마을 사람들은 그것들을 주워왔다. 어찌나 많이들 버리고 갔는지 미군이 버리고 간 물건이 없는 집이 없었다.

　그들이 버린 신문지는 벽지와 반자지로 활용이 되었는데, 내가 자는 방에도 영어로 된 신문지가 사방 벽면에 도배되어 있었다. 눈만 뜨면 날마다 눈에 들어오는 영문 알파벳 속에 살게 되니 자연스럽게 영어와 친해지게 되었다. 그러나 영어를 가르쳐 줄 사람이 없다 보니 A.B.C.D 등의 알파벳은 어느 정도 알게 되었는데 단어는 어떻게 발음하는지, 그리고 뜻이 무엇인지는 알 수 없었다. 특히 신문 하단에 실린 광고에 'Sale'이란 글자가 상품 사진 옆에는 늘 보여 무슨 뜻일까 궁금하였는데, 중학교에 들어가 영어를 배우게 되면서 알게 되었다. 학교에서 영어를 배우니까 무슨 뜻인지도 모르고 계속 봤던 신문 속의 영어 단어들이 조금씩 머리에 떠오르더구나.

2

교육열이 높은 한국 사람들은 아무리 어려워도 아이들 교육만은 게을리하지 않았다. 학교가 다시 문을 열자 아이들은 모두 학교로 돌아왔다. 교실은 하나도 남지 않고 모두 다 불에 타, 학교 운동장에 정부가 보내 준 하얀색 천막을 치고 칠판을 걸었고, 땅바닥에는 가마니를 깔았다. 책상은 들판에 버려진 나무로 된 탄약 상자였고, 의자는 없어도 좌식문화가 익숙해서 별로 문제가 되지 않았다. 날씨가 쌀쌀한 이른 봄철에는 천막 안이 햇빛을 받아 아늑하였고, 한여름에도 천막 옆 자락만 둘둘 말아 걷어 올리면 바람이 들어와 시원하였다. 가을이 되자 학부형들은 불탄 학교 교실 자리에 남아 있던 시멘트 기소 안쪽을 파내어 반지하 교실을 지어 주었는데, 기소 위에 창틀 높이 만큼 낮게 기둥을 세우고 지붕틀을 만들었다. 지붕은 짚으로 엮은 이엉을 학부형들이 가져와 덮었으니 그럴듯한 교실을 지은 것이었다. 반지하이어서 여름에는 시원하고 전쟁 소모품으로 널려있던 드럼통에 연통을 연결해 만든 난로를 놓으니 겨울나기도 그리 어렵지 않았다.

    학교는 여전히 정상적인 모습은 아니었지만, 어느

정도 자리를 잡아 가게 되었다. 학생들도 부족한 교육 여건 속에서도 열심히 공부하고자 하는 열의, 그리고 학교 측과 학부모들이 정상화하기 위해 노력한 결과가 아닌가 싶다.

그렇게 학교는 전쟁의 상흔을 딛고 정상화되어 가고 아침저녁으로 살얼음이 어는 겨울 초입 어느 날이었다. 담임 선생님이 학교에 특별 행사가 있으니 이름을 부르는 사람은 집에 가지 말고 남으라는 것이었다. 나도 호명이 되어 남았는데 집이 학교 근처인 남녀 학생 스무 명 정도가 남게 되었다.

선생님은 우리를 남긴 이유가 합창단을 만들기 위해서라고 말씀하신 후, 집에 가서 저녁밥을 먹자마자 장작개비 하나씩을 가지고 다시 학교로 나오라고 하셨다.

저녁을 먹고 학교에 나가보니 담임선생님이 읍내 보건소에 근무하시는 의사 선생님을 우리에게 소개하시며, 의사 선생님의 지도를 따라 합창 연습을 하게 될 것이라고 말씀하셨다.

우리는 난로에 불을 붙이고 긴 판자에 다리를 단 의자를 난로 주위에 둘러놓았다. 의사 선생님은 학생들에게 목소리를 내 보게 하시더니 혼성 4부 합창단을 편성하셨다. 초등학생이지만 전쟁 중 2~3년씩 학년이 묶어,

변성기가 지난 나이 먹은 학생들도 많았고 심지어 장가를 든 학생도 있었으니 베이스 파트도 문제가 없었다.

　　나는 테너 파트에 들게 되었다. 그 선생님은 우리에게 등사한 악보를 몇 장씩 나누어 주셨는데, "고요한 밤 거룩한 밤", "기쁘다 구주 오셨네.", "첫 번 크리스마스" 등의 크리스마스 캐럴이었다. 우리는 악보를 볼 줄도 몰라 어리둥절하고 있었는데, 그 선생님은 악보의 어느 줄이 자기가 맡은 부분인지만 알려주시고 선생님을 따라 무조건 노래를 외우게 하였다. 나는 노래는 외웠어도 옆 파트를 따라갈 때가 많아 처음에는 힘이 들었지만, 차츰 화음을 맞추게 되니 참으로 아름다운 것이 합창이라는 것을 알게 되었다. 우리는 그렇게 집에서 밥을 먹자마자 학교에 다시 와서 매일 저녁 연습에 하였다.

　　합창이 어느 정도 하모니를 이루게 되었을 때, 담임 선생님은 크리스마스를 맞이하여 인근에 주둔하고 있는 미군들을 초대하여 위문 공연을 하는 것이라고 말씀하셨다. 그때 우리가 연습하는 합창곡을 부르게 될 것이라고 하셨는데, 미군들이 우리나라를 위하여 싸워 공산군을 물리쳐 주지 않았다면 오늘 우리는 이렇게 학교에 나와 공부할 수도 없었을 것이라는 말씀도 덧붙이셨다.

　　우리는 비록 초등학생이었지만 전쟁을 몸으로 겪

었으므로 선생님의 말씀에 모두 공감할 수 있었다. 우리 합창단 외에도 한국 무용을 연습하던 팀이 있었는데, 그 학생들은 방과 후에 주로 연습을 하였다. 우리가 밤에 연습한 이유는 이제 생각하니 그 의사 선생님이 낮에는 환자들을 진료하셔야 했기 때문이었다. 그분은 환자들도 열심히 진료하시고 잘 치료해 주시어 동네 주민들에게 신뢰가 두터우셨다.

　나도 어머니와 함께 그분에게 가서 머리 전체에 퍼진 부스럼을 치료받은 적이 있었다. 의사 선생님은 큼지막한 연고 한 통을 주시며 머리에 흠뻑 바르고 기름종이를 댄 후 모자를 밤낮으로 쓰고 있으라고 하셨다. 그렇게 이삼일 하니 부스럼은 곧 낫기 시작했고 얼마 지나지 않아 신기하게도 완치가 되었다. 전쟁 중이라 마땅한 병원도 없었고, 설령 있다 해도 갈 형편이 못되어 쉽게 구할 수 있었던 휘발유를 환부에 바르곤 하였는데, 몹시 아프기만 하고 낫지를 않았다. 한참 동안 나에게 고통을 주던 부스럼이 앓던 이 빠지듯 시원하게 낫게 되니 그 선생님께 감사한 마음이 들었었다. 머리 부분 염증이 매우 위험할 수 있다는 것을 알게 된 지금, 그 선생님은 내게 어찌 보면 크나큰 은인이라 할 것이다.

　그 선생님은 그 당시에 군의관 신분으로 보건소에

근무하셨는데, 제대하신 후에는 읍내에서 병원을 개원하셨다. 내가 중학교에 다닐 때, 그 병원은 내가 등하교하는 길목에 있어서 늘 지나쳐 다니게 되었는데 병원 이름이 박애의원博愛醫院이었다. 박애주의라는 것을 몸소 실천하시는 선생님다운 병원 이름이었다. 후일 내가 의사가 되어 처음 개원하게 되었을 때도 선생님의 정신을 본받고 싶어 병원 이름을 박애의원이라고 걸었었다.

　요즘은 박애博愛란 말을 많이 쓰지 않아 그 뜻을 잘 모르는 분들도 있고, 병원 이름에 자기 성씨를 붙이는 병원도 많다 보니, 어떤 환자는 진찰실에 들어오며 "박애의원이라 하신 것을 보니 원장님도 박 씨로군요! 저도 박가니 잘 좀 봐 주세요."라고 하시는 분도 있었고, "박애의원이라 하여 원장님이 여자인 줄 알았는데 남자분이시네!" 하시는 분도 있었다.

3

드디어 우리가 그동안 갈고 닦을 것을 뽐낼 수 있는 12월 24일이 되었다. 등교하자마자 담임선생님이 나를 교무실로 부르셨다. 교무실에 가보니 이번 위문 공연에 인사말을 내가 해야 한다고 하시며 자세한 것은 합창을 지도하시는 의사 선생님의 지시를 따르라고 하셨다. 옆에서 계시던 의사 선생님은 내게 노트 크기의 종이를 한 장 주셨는데, 한글은 하나도 없고 영어로만 된 글이었다. 미군들이 한국말을 모르기 때문에 영어로 인사말을 해야 하니 공연 전까지 외우라는 것이었는데 그때가 공연 시작하기 한 시간 전이었다.

당연히 학교에서도 외국인을 위한 공연은 해보지 않았고, 선생님들도 공연 준비에만 집중하시다 보니 인사말을 영어로 해야 한다는 것을 미처 생각하지 못하신 것 같았다. 공연의 시작을 알리는 것이 인사말이니 중요한 임무인데, 내게 맡기신 것이다. 감당할 수 있을지 겁이 났지만, 나는 의사 선생님이 영어 밑에 발음을 한글로 써 준 것을 무슨 뜻인지도 모르고 열심히 외우기 시작했다. 다행히 시작 전에 이것을 다 외워 의사 선생님에게 점검을 받았는데, 선생님은 몇 마디 발음을 수정해 주시며 흡족한 표정을 지으셨다. 공연하는 시간이 조금 남아 인사말 하는 연습을 마저 하고 있는데, 의사 선생님이 내 복장을 보시며 공연의 첫 등장인데 좀 더 깔끔한 옷을 입었으면 좋겠다고 하시는 것이었다. 그래서 담임선생님이 교실로 가서 한 학생의 깨끗한 점퍼를 빌려오셨다. 그런데 그 옷은 내게는 좀 작았다. 그래도 내 옷보다는 나아 보였는지 그 옷을 입고 무대에 서라는 것이었다.

　공연장은 반지하 교실 두 개의 벽을 터서 한쪽 끝에 무대를 만들고, 긴 판자에 다리를 단 의자로 객석을 만들었는데, 300명 정도 앉을 수가 있었다. 임시로 만든 공연장이었지만 정말 멋진 공연장이었다. 의사 선생님은 무대에 오르기 전에 내게 무대로 걸어나가는 자세와 무대에서 인사할 위치 등을 알려주셨다. 그리고 인사할 때는 긴장하지 말고 차분하고 크게 하라는 말씀도 하셨다.

　나는 무대로 씩씩하게 걸어나가 무대 앞에 섰다. 미군과 마을 사람들이 나를 쳐다보고 있어 긴장되었지만, 침착하게 거수경례를 한 후 내가 외운 인사말을 하였다. 말은 인사말이지만 나도 모르는 내용이어서 외운 내용을 그냥 크게 말하는 것에 지나지 않은 것이었다. 그래도 맨 마지막에 한 "Merry Christmas and Happy New Year!"라는 말은 그때도 무슨 의미인지는 알고 있었다. 인사말을 다 하고 거수경례를 하니, 공연장을 가득 채운 마을 사람들과 미군들은 우레와 같은 박수로 내게 응답해 주었다. 짧은 시간에 준비한 것인데도 무사히 끝냈다는 것이 나름 뿌듯했다.

이어서 우리가 하는 공연마다 미군들은 큰 박수를 보내 주었다. 그런데 나중에 안 사실이지만, 미군들은 우리 학교에 올 때 전교생들에게 줄 음식과 선물을 몇 대의 트럭에 가득 싣고 왔었는데 우리가 공연하고 있는 사이 선생님들이 교실에서 그것들을 전교생에게 나누어 주었다는 것이다.
　　선물은 주로 일제였는데 양털 점퍼, 학용품, 장난감 등 다양했다. 공연하는 학생들은 선물을 받지 못하였는데 다른 아이들이 한 아름씩 선물을 받은 것을 보니 부러웠다.
　　공연을 담당하셨던 선생님도 공연하는 학생들의 몫을 챙기실 경황이 없으셨을 것이다. 나중에 담임선생님이 다른 아이들의 선물에서 조금씩 거두어 우리 공연팀의 선물을 챙겨 주셨는데 내가 받은 선물은 윤기 나는 나무상자에 든 그림물감, 붓, 팔레트 그리고 장난감 자동차였다. 우리나라를 위해 싸워 준 것도 고마운 일이었는데, 당시에는 갖기 어려운 좋은 선물까지 받고 보니 미군들에게 더더욱 감사한 마음이 들었다.
　　의사 선생님은 우리 합창 단원에게 공연하느라 고생했다며 크리스마스이브를 함께 보내자며 한 단원의 집으로 우리를 데리고 가셨다. 우리는 떡국과 다과로 저녁 식사를 한 후 오락회를 열었는데, 의사 선생님의 사회로 "수건돌리기", "번호 부르기", 편을 나누어 놀이하는 "호랑이, 사람, 총" 등 생전 처음 해보는 놀이였으나, 정말 재미있어 시간 가는 줄 몰랐다. 나는 번호 부르기가 어찌 그리 어려운지 세 번이나 틀려 벌로 두 번이나 노래를 부르기도 하였다.

    새벽이 되자 교회에 다니는 합창단원들이 주축이 되어 교인들 집을 찾아다니며, 그동안 많이 연습했던 크리스마스 캐럴을 불렀다. 미군을 위한 공연도 하고, 공연 후에는 단원들끼리 모여 놀이도 하고, 새벽까지 이집 저집 돌아다니며 크리스마스 캐럴도 부르면서 그해의 크리스마스는 그렇게 지나갔다. 감사와 행복감이 넘치는 크리스마스를 생애 처음으로 보낸 것이었다.

6.25사변에 한국에 파병한 미국, 영국, 프랑스, 필리핀, 터키, 호주 등 16개국인데, 그중 병력을 대대적으로 많이 보낸 국가가 미국이다. 몇몇 나라는 의료지원단만 보냈고, 미국을 위시한 11개 국가가 전투부대를 파견하였는데 미군의 파견 규모는 연인원 1789000명이었다. 그리고 36574명이 사망하고 92134명의 부상자가 발생했다고 한다. 만 킬로미터가 넘는 머나먼 곳에서, 우리나라의 자유를 지키기 위해 자신의 목숨을 희생한 거룩한 그들에게 다시 한번 감사드리고 싶다.

몇 년 전에 일이 있어 미국에 간 적이 있는데 일정이 빠듯했지만, 한국전 참전용사 기념비는 꼭 보고 싶어 시간을 내어서 갔다.

그 기념비는 추운 겨울 전쟁터에서 정찰 중인 병사를 형상화한 19개의 조각상으로 이루어져 있는데 낯선 타국에서 맞이했을 죽음의 공포와 추위를 무릅쓰고 자유를 지키고 자 하는 모습을 보면서 숙연함이 느껴졌다. 그리고 화강암 비문에는 한국 전쟁 당시의 전사자, 실종자, 전쟁 포로의 이름이 쓰여 있었고, 다음과 같은 글이 적혀 있더구나.

"자유는 거저 얻어지는 것이 아니다.
여기의 젊은 군인들은 나라의 부름을 받고
자기의 목숨을 희생하였다.
듣도 보도 못했던 나라였고, 만나보지도 않았던 사람들이 었지만 그들의 자유를 지키기 위하여."

"Freedom is not free,
Our nation honors Her sons and daughters who answered the call to defend a Country they never knew, and A people they never met."

오늘은 이만 안녕!

17 내 고향의 겨울

1

영하 10도를 오르내리는 매서운 추위가 연일 계속되고 있구나. 너희 내외와 연재도 추위에 별고없이 잘들 있느냐? 연재는 이제 말귀도 꽤 알아들어 도리도리, 짝짜꿍, 곤지곤지도 하고 숨바꼭질하는 시늉도 한다니 나날이 재롱이 늘어나는구나. 연재가 재롱떠는 모습을 보고 싶구나.

　연재가 자석이 달린 인형을 여기저기 붙여 보다 엄마의 다리뿐만이 아니라 가슴에도 붙여 본다니 과학적 재능(?)이 벌써 발현되는 게 아닐까 하고 생각해보는 것은 연재에게 거는 할아버지의 기대가 너무 커서만은 아니겠지? 그동안 너희 내외가 연재를 키우느라 고생을 많이 했을 것이다. 특히 수시로 잠을 깨우는 연재 때문에 잠 못 이루는 엄마의 고생이 더 큰 것은 당연한 일이겠지.

　어린아이를 키우는 것이 여간 힘든 일이 아니건만, 안부를 전할 때마다 "연재가 너무 귀여워요."란 너희의 말을 들으면, 아기가 사랑스러워 고생을 고생으로 여기지 않고 도리어 낙으로 삼는 너희 부부의 연재에 대한 끝없는 사랑을 전화기 너머이지만 느끼게 된다.

2

해마다 겨울이 와 눈이 내리고 얼음이 얼면, 어릴 때 내가 놀던 고향 마을의 들판이 그리워진다.

　가을에 추수가 끝난 들판의 논 다랑이들은 추수하고 난 뒤, 물을 끊어 물기 하나 없이 말라 있지만, 기온이 점점 내려가 물이 얼기 시작하면, 논에 물을 대던 도랑들이 얼어붙으며 얼음장 밑으로 흐르던 물이 위로 넘치게 된다. 그리고 그 물이 논으로 흘러들어 논바닥이 얼게 되는데, 이런 논다랑이들이 하나둘 이어지면서, 끝이 아득하게 먼 들판이 온통 얼음판으로 변하여 마침내 거

대한 스케이트장이 되는 것이었다.

    이때쯤 겨울방학을 맞은 아이들은 아침밥만 먹으면 모두 이곳에 나와 썰매를 타곤 하였다. 나이와 관계없이 모두 어울려 작은 아이들은 썰매 위에 앉아서 꼬챙이로 얼음을 지치고, 키가 큰 아이들은 일어서서 썰매를 타기도 했다. 키가 큰 아이들은 당시 산과 들에 널려있던 쇠로 된 탄약통 뚜껑의 앞뒤 날을 잘라 내어 썰매를 만들어 탔는데, 한발에 하나씩 신고 마치 스키를 타듯 긴 꼬챙이로 썰매 타기를 하였다. 그들은 마치 스키 점프를 하듯 썰매를 탄 채로 논두렁을 뛰어넘는 묘기를 보여 주기도 하였지.

    내가 초등학교에 들어가기 전, 어느 겨울날 아버님은 내게 멋진 썰매를 하나 만들어 주셨는데, 다른 아이들의 썰매는 나무판을 깎아 철사를 밑바닥에 대어 만든 것이었으나, 내 썰매는 스케이트 날을 나무판에 붙여 번쩍번쩍 빛나는 멋진 것이었다

    아버님이 내게 만들어 준 썰매의 날은 누님이 고등학교 재학 시절 타시던 스케이트에서 떼어 낸 것인데, 까만색의 가죽으로 만든 것이었다. 누님은 그것 외에도 날이 짧고 날이 짧고 두툼한 피겨 스케이트도 한 벌 있었다. 당시 한국은 그런 물건을 만들 수가 없었을 것이

니 일본이나 미국에서 들여와, 그 당시로써는 여간 비싼 것이 아니었을 텐데, 아버님은 과감하게 그 스케이트 날로 내 썰매를 만들어 주신 것이다

　내가 먼저 타던 썰매는 꼬챙이로 밀어도 미끄러지지 않았는데 아버님이 만들어 주신 새 썰매는 살짝만 밀어도 쌩쌩 잘도 미끄러져 나아갔다.

　여느 날과 같이 그 썰매를 가지고 신나게 썰매를 타고 있던 어느 날, 어머님이 누님 집에 간다고 하길래 나도 따라갔다. 썰매 타는 것도 재미있었지만, 누님 집에 가는 것이 좋아서 따라나선 것이다. 나는 누님을 보자마자 자랑삼아 아버님이 썰매 만들어 준 이야기를 하였다. 누님은 내 이야기를 듣자마자 눈이 휘둥그레지며, 그 스케이트는 정말 귀한 것이니 그렇게 타면 안 된다고 하시며, 나사를 구해 줄 테니 그 스케이트 날을 다시 구두에 달아 놓으라 하셨다. 내가 크면 탈 수 있는 것인데, 그것을 나무판에 달아 막 굴려 날을 망치게 되는 것이 안타까워 그런 말씀을 하셨을 것이다.

　세상에 태어나 모처럼 갖게 된 재미있는 장난감을 멋도 모르고 누님에게 자랑하다가 잃게 되는 것이 나는 섭섭했지만, 누님의 말씀이니 그러겠다고 약속을 하였다.

　며칠 후 나는 어머니를 따라 시골집에 돌아가게 되

었는데, 어쩐 일인지 누님은 내게 나사를 구해 주지 않으셨다. 나는 오히려 그 스케이트를 며칠 더 탈 수 있는 것이 다행스러워 누님에게 나사 이야기를 꺼내지 않고 말없이 집으로 돌아왔고, 머지않아 이 썰매를 탈 수 없는 날이 곧 올 것이란 생각에 전보다 더 열심히 썰매를 타고 있었다. 그런데 웬일인지 누님은 그 겨울이 다 가도록 나사를 집에 보내지 않으셨다.

그 후로도 누님은 내내 나사를 보내지 않으셔서, 내가 초등학생이 되고 6·25사변이 나서 피난을 떠날 때까지 적어도 2~3년간을 계속 그 썰매를 탈 수가 있었는데, 마음만 먹으면 아무 철물점에서라도 금방 구할 수 있었을 물건을 누님은 구하지 않으시고, 내가 그 썰매를 계속 타도록 놔두셨는지 알 수가 없었다. 나를 사랑하셨던 누님이 스케이트가 아까웠지만 내가 그 썰매를 좋아한다는 것을 눈치채시고 계속 그 썰매를 타게 두셨을 것이라는 추측만 할 뿐이었다.

3

피난을 끝내고 고향 집에 돌아와 보니 우리 집은 불에

타 쑥대밭이 되어있었다. 그 와중에도 나는 마루 밑에 놓아두었던 썰매가 어떻게 됐는지에만 관심이 갔다. 마루 밑에 놓아둔 것이 기억나서 그곳을 뒤져 보았는데 흔적도 없었다. 실망하면서도 혹시나 하는 마음으로 다락이 불탄 자리도 뒤적여 보았다. 피겨 스케이트 날은 두껍고 튼튼하게 생겨서인지 가죽 신발만 타고, 날은 녹이 슬어 있을 뿐 다행히 아직 쓸 만하였다. 그 피겨 스케이트 날을 나무판에 달아 썰매를 만들었는데, 날이 롱 스케이트처럼 평평하지 않고 바닥이 둥글게 휘어져 있어, 중심을 잘 잡으며 타야 했지만, 다른 아이들의 썰매와는 비교할 수 없을 만큼 멋지고 잘 미끄러지는 훌륭한 썰매가 되었다.

    어머님이 손수 만들어 주신 솜을 두둑이 넣은 한복 바지저고리에 털장갑과 털모자, 토끼 털가죽으로 만든 귀마개만 착용하면 아무리 추운 날도 추운 줄도 모르고, 밥 먹는 시간 외엔 온종일 썰매를 타곤 하였다. 바람이 매섭게 불고 몹시 추워 벌판에 아무도 나오지 않는 날에도, 나는 얼음판에 나가 한참씩 썰매를 타고서야 집으로 돌아왔다.

    해마다 넓은 들판을 온통 얼음 벌판으로 만들어 우리에게 놀이터를 만들어 준 자연이 있어 행복하기만

했던 내 어린 시절의 겨울은, 아무리 추워도 하나도 춥지 않았던 어머님의 품속과 같이 아늑하고 따듯한 계절이었다는 생각이 든다.

연재가 빨리 커서 이 할아버지와 스케이트장에 함께 갈 날을 기다리며....
안녕!

밴드부 중 | 시절

18 밴드부 시절 1

(아들 며느리에게 보내는 편지 중에서)

성호, 혜원 보아라:

1

중학교 1학년 때, 여름방학이 가까운 어느 날 조회 시간이었다. 그 당시 우리 학교는 매일 아침 수업 시작 전에 전교생이 운동장에 모여 조회를 했는데, 교장 선생님의 말씀은 중학교 1학년인 나에게는 너무 어려워 무슨 뜻인지도 모르겠고 재미도 없어 늘 빨리 끝나기만 기다렸다. 끝나자마자 빨리 교실로 돌아가려는데, 교장 선생님이 교단을 완전히 내려가시기도 전에 음악 선생님이 교단에 오르시더니 잠시만 자신의 말을 듣고 교실로 돌아가라는 말씀을 하신 후 내 눈이 번쩍 뜨이는 광고를 하셨다. 고적대(큰북, 작은북, 탬버린, 심벌즈, 트라이앵글 등의 타악기와 리코더같이 생긴 피리로 이루어진 악단)대원을 모집하니 원하는 학생은 자신이 서 있는 자리에 남으라는 것이었다. 전교생 500여 명 중 나를 포함하여 약 백여 명의 남녀 학생이 그 자리에 남았다.

음악 선생님은 지원자들을 데리고 강당으로 가서, 긴 나무 의자에 앉게 하셨다. 잠시 후 선생님은 북 치는 스틱을 한 사람에 2개씩 나누어 주시고, 북 치는 방법을 가르쳐 주신 후 열심히 연습해 보라고 하셨다. 북을 잘 치는 사람은 고적대에서 북을 담당할 수 있다는 것이었다. 선생님은 나무 의자를 북 삼아 열심히 두드리는 학생들 사이를 오가시면서 고적대에서 북을 치게 될 학생들을 한 사람 한 사람씩 불러내고 계셨다.

고적대에서 타악기를 담당할 대원이 스무 명 정도 선발되었는데, 나는 탈락하고 말았다. 북 치는 솜씨가 좋지 않아서 그럴 수도 있었겠지만, 나의 키가 작아서 탈락했을 것이라는 생각도 들더구나. 고적대의 얼굴 노릇을 할 타악기 부대이니만큼 키도 크고 인물도 좋아야 할 것인데, 나의 키는 중학교 1학년의 또래보다 작았으니 고적대의 꽃이라 할 수 있는 타악기 부대에는 어울리지 않았을 것이라고 애써 자위를 했었다.

    음악 선생님은 나머지 학생들에게 피리 부대를 하고 싶으면 남고 하고 싶지 않으면 교실로 돌아가라 하셨다. 남은 학생의 절반은 돌아가고 40명 정도가 남았다. 나는 타악기 부대에는 들어가지 못했어도 피리 부대에 들어가 고적 대원이 된 것만으로도 만족하였다. 고적대는 방과 후 날마다 남아서 연습을 하였다. 고적대는 8·15 광복절 기념식에 참여하게 되었는데, 그 기념식에서 고적대는 시가행진과 애국가, 광복절 노래, 그리고 행진곡 연주를 담당하였다.

    고적대는 여름방학이 되었어도 행사 준비로 매일 학교에 나가 연습을 하였다. 덜 더운 아침에는 운동장에 나가 행진 연습을 하였고 낮에는 교실에서 악기 연주를 하면서 합을 맞추는 연습을 하였다.

    "따따따 따따따 주먹 손으로 따따따 따따따 나팔 붑니다. 우리들은 어린이 음악대. 동네 안에 제일 가지요."로 시작하는 어린이 음악대라는 동요를 초등학교 때 많이 불렀었는데, 그때의 기억도 떠올라 삼복더위 중의 연습이라도 재미있기만 하였다.

    광복절 행사는 고적대가 앞서가며 행진곡을 연주

하고 전교생이 음악과 북소리 장단에 발맞춰 시가행진하는 것을 시작으로 군내群內에서 운동장이 제일 넓은 읍내 초등학교에 모여 각 기관 합동으로 기념식을 하는 것이었다. 우리 학교 고적대가 시가행진할 때, 사람들이 나와 우리의 행진을 손을 흔들어 주면서 응원해 주고 있었다. 우리는 더욱 신이 나서 연습한 것 이상으로 합을 잘 맞추었다.

    교장 선생님은 고적대의 행진과 연주가 광복절 행사의 꽃이었다고 대단히 흡족해하셨다고 고적대 담당 선생님이 행사가 끝난 후 우리에게 말씀해 주셨다. 우리는 더운 여름날 고생하며 연습했던 것이 헛된 것이 아님을 깨닫고 다들 기뻐하였다.

2

우리 고적대가 무사히 행사를 마쳐서인지, 2학기가 시작되자마자 교장 선생님은 고적대를 해산하고 밴드부를 창설하였다. 고적대보다는 좀 더 정통한 음악부서를 학교에 두고 싶어서 그리 하신 것 같았다. 초대 밴드부원으로는 10명 남짓한 남학생들만이 고적대에서 발탁이 되었다. 나도 밴드부원이 되고 싶었지만, 언감생심焉敢生心이었다. 고적대에서 피리를 불었던 나는 심사에는 고려대상도 되지 못했을 것이다.

    새로 생긴 밴드부는 수업을 마치고 나서, 여학생들의 가사 실습실 건물에 달린 온돌방에 모여 매일 연습을 하였다. 나는 밴드부원이 되지는 못했어도, 나팔소리가 좋고 드럼 소리도 좋아 방과 후에 집에 가지 않고 책가방을 든 채 아무도 없는 온돌방 부엌에 몰래 서서 밴드부의 연습하는 소리를 듣다가 집으로 가고는 하였다. 그러기를 꽤 여러 날 하였는데, 하루는 갑자기 부엌으로 통하는 방문이 활짝 열렸다. 음악 선생님이 문을 연 것이었다. 나는 깜짝 놀라 겁을 먹은 채 아무 말도 하지 못하고 부동자세로 선생님을 쳐다보고 있었는데, 선생님이 말씀하시기를, "너 밴드부 하고 싶으냐?" 하시는 것이 아닌가! 내가 큰 소리로 "네!" 하고 대답하니, "그럼 방으로 들어와!" 하시는 것이었다. 아마도 내가 날마다 음악을 듣다 가는 모습을 며칠간 선생님이 지켜보신 것 같았다. 나는 뛸 듯이 기뻐하며 방으로 들어갔는데, 연습하던 대원들이 연주를 멈추고 나를 쳐다봤다. 다들 나를 쳐다봐서 민망해하고 있는데, 선생님은 열린 방문을 닫으시면서 "너는 지금부터 북을 치는 거다."라고 말씀하셨다. 그렇게도 원하던 북 치는 소년이 되는 꿈같은 일이 이루어진 것이었다.

　나는 이제는 부엌에 숨어 음악을 엿듣지 않아도 되었다. 그리고 밴드부원들과 함께 악기를 연주할 수 있는 당당한 악단의 일원이 된 것이다. 나는 나팔 소리에 리듬을 맞추어 연주에 흥을 돋워 주는 것이 즐거웠으며, 자기가 내는 악기 소리 때문에 듣지 못했던 다른 부원들의 악기 소리를 감상하는 재미도 누릴 수 있었다. 밴드부에 어느 정도 자리를 잡자, 어떻게 연주를 하면 좋은 소리를 낼 수 있는지를 생각하는 여유도 생겼다.

　밴드부원이 되는 것을 간절히 원했지만 차마 선생님에게 나의 소원을 말씀드리지 못했는데, 내게 소원을 이루어지게 해 주신 음악 선생님께 학교를 졸업하고 성인이 된 지금도 늘 감사한 마음을 가지고 있다.

　안녕!

밴드부 기동 훈련

19 밴드부 시절 2
(아들 며느리에게 보내는 편지 중에서)

성호, 혜원 보아라:

1

내가 들어간 학교 밴드부는, 규율이 엄하고 기합이 많다는 밴드부에 대한 소문과는 달리 매우 분위기가 좋았다. 음악 선생님은 늘 다정다감한 모습으로 우리를 가르쳤으며 거친 말을 하시거나 화를 내시는 모습을 보이시지도 않았다. 우리의 연주가 탐탁지 않아 실망스러우시면 아무 말 없이 지휘봉을 탁자에 놓고 교무실로 가시는 것이 고작이었고, 그때마다 우리의 우두머리인 주장은 선생님이 화가 나신 것 같으니 더 열심히 해보자고 격려하며 연습을 시켰다. 그 후 한두 시간쯤 지나 다시 선생님을 모셔오곤 하였다.

그렇다고 규율이 없는 것도 아니었는데, 합당한 이유 없이 밴드부를 나가게 되면 소위 말하는 '줄빳따'를 맞아야 한다고 주장은 처음 밴드부에 들어오던 날 내게 말했다. 그것이 밴드부의 규율이라면 규율이었는데, 나름의 이유가 있었다. 한 사람을 가르쳐 어느 정도 악기의 소리라도 내게 하는 데만도 여러 날, 때로는 몇 달이 걸리니 '줄빳따'를 맞는 규율이라도 있어야 책임감 있는 밴드부원이 된다는 것이 그 이유였다. 그러나 누구도 '줄빳따'를 맞지 않았다. 한 명의 밴드부원도 그만두지 않았기 때문이다. 설령 누군가가 중간에 그만두는 경우가 있었더라도 주장은 '줄빳따'를 때리지 않았을 것이라고 나는 생각한다.

주장은 밴드부의 상징적 얼굴답게 인물이 빼어났으며 성품이 온화하여 화를 내거나 폭력을 쓰는 일이 전혀 없었다. 늘 좋은 말로 우리를 이끌고, 무엇이든 솔선수범하였다.

처음 밴드부에 들어가던 날 주장은 가사 실습실로 나를 데리고 가 기름이 잔뜩 묻은 양은 솥단지와 그릇

몇 개를 꺼내 놓고 설거지를 하라는 것이었다. 내가 입단하기 며칠 전, 음악 선생님의 친구 되시는 선생님이 돼지고기를 가지고 오셨는데 밴드부원들이 요리하고 먹을 때 사용한 그릇들이었다. 겨울방학을 며칠 앞둔 때라 수돗물은 얼음같이 차가웠고, 수세미나 비누도 없이 맨손으로 기름 묻은 그릇을 닦으려니 잘 닦이지 않았다. 그래도 주장이 처음으로 나에게 시킨 것이니 억지로 그릇을 닦고 주장에게 닦은 그릇을 보여 주었는데, 기름기가 좀 남아있었어도 수고했다며 설거지를 통과시켜 주었다. 이를테면 군기를 잡는 것이었을 터인데, 그것마저도 마음씨 좋은 선배로서 나를 대한 것이다. 그 후로도 하급생이라는 이유로 어떤 부당한 대접을 받은 적이 없었다. 합숙 훈련을 할 때도 대원들은 상급생 하급생 따지지도 않고 자기가 먹은 식기는 제 손으로 닦았다. 주장은 막내로 들어온 나를 동생처럼 귀여워했고 잔심부름 하나 시키는 일도 없었다.

2

인물이 좋아 주변 학교 여학생들에게 인기가 많은 선배

가 있었는데, 그는 노래도 잘 부르고, 트럼펫 연주 실력도 좋았다. 트럼펫에는 마우스피스(mouth piece)라는 엄지손가락 크기의 입에 대고 소리를 내는 부분이 있는데, 그는 집에 갈 때도 그것을 빼 주머니에 넣고 다니며 소리 내는 연습을 할 정도로 열심이었다. 그래서인지 그의 입술은 중앙에 굳은살이 생겨 조금 볼록하게 보였다. 선생님은 그 선배를 늘 대견하게 생각하셨는데, 하루는 그를 보고 미소를 지으시며 "너는 입술에 굳은살이 그렇게 생겼으니 이제 키스는 다 했다. 어느 여자가 네 입술에 입을 맞추겠냐?"하시자 그 선배는 "선생님, 왜 그러십니까? 이래 봬도 전 임자가 있습니다"라고 응수하자 선생님과 밴드부원 모두 배꼽을 잡은 일도 있었다.

또 한 선배는 연습도 열심히 하고 가장 음을 맞추기 어려운 트롬본을 잘 연주하여 선생님이 흐뭇해하셨다. 그 선배는 청력이 좋지 않았다. 앞에서 얼굴을 보면서 이야기하면 알아들어도 뒤에서 이야기하면 못 알아듣는다는 것을 우연히 알게 되었다. 화장실 가는 길이었는데, 화장실 앞에서 음악 선생님이 그 선배와 이야기 나누는 것을 엿들으려고 한 것은 아니었지만 듣게 되었다. 선생님은 선배가 청력이 좋지 않다는 것을 알고 있다면서, 그것이 장애가 되지 않도록 열심히 하라는 당부의 말씀을 하신 것이다. 음악인에게 무엇보다 중요한 청력에 결함이 있음을 걱정하시는 것 같았다. 선생님은 그 선배가 청력에 결함이 있다는 것을 알고 나서도 밴드부에서 나가게 하지 않으시고 오히려 늘 격려를 해주시어 그 선배가 제2대 주장까지 할 수 있도록 지도하셨다.

    6.25사변 후는 경제가 어려워 중학교 진학도 포기하는 학생들이 많던 시절이었다. 그 선배도 집안이 어려워 고등학교나 대학에 진학할 수 없는 상황이었다. 그 사정을 알게 되신 선생님이 장학금을 받을 수 있는 길을 열어주시어 그 선배는 음대에 진학할 수 있었다. 그리고 그 후에 음악 선생님이 되어 밴드부원 중 유일하게 선생님의 뒤를 따르는 음악인이 되었다. 얼마 전에 그 선배의 소식을 들으니, 은퇴한 후에도 비슷한 연배들을 모아 Silver Band라는 밴드부를 만들어 지휘자로 일하고 있다고 들었다.

    진수의 삼국지 오나라 편에 있는 제갈량 조카 제갈각의 전기에는 "그 사람의 약점으로 그의 장점을 버려서는 안 된다(不以人所短, 棄其所長)"는 말이 나온다. 그리고 세종대왕 때 박연은 왕에게 시각장애 악공의 처우 개선을 요구하며 "세상에 버릴 사람이 없다 天下無棄人也"라고 말을 했다는구나. 선생님이 그 사람의 약점에 천착하기보다 장점을 도두보시려는° 생각을 가지시고 그 선배를 지도하셨기 때문에 결국 그 선배가 음악인이 되었다고 생각한다.

 선생님은 악기를 소중히 할 것을 강조하셨는데, 애인을 대하듯 귀하게 여기고 관리하라 하셨다. 선생님은 연주 후에는 악기를 잘 청소하여 악기 관리 책임을 맡은 악기장에게 검사를 받게 하셨는데, 전 대원이 모두 통과해야 그 날의 연습이 끝나는 것이었다.

 악기장은 우리 중 제일 인물이 출중한 선배였는데, 영화배우로도 손색이 없을 만한 미남이었다. 그는 성격이 꼼꼼하여 악기를 매우 철저히 점검하였고, 조금이라도 마음에 들지 않으면 가차 없이 불합격을 내려 다시 청소하게 했다. 밴드는 타악기 외에는 입으로 부는 것이라 악기 속에는 늘 침이 들어갈 수밖에 없는 구조이고, 녹이 나는 것을 방지하려면 헝겊과 기름 수건으로 침을 닦아야 했다. 피스톤이나 키의 움직이는 부분은 기름칠하여 부드럽게 해야 했으며, 외부는 광택 약으로 닦아

° 도두보다: 실상보다 좋게 보다.

늘 새것처럼 반짝거려야 했다. 먼저 통과됐다고 먼저 가는 것이 아니었으니, 조금이라도 빨리 집에 가려면 불합격한 대원의 악기 청소를 도와야 했다. 그것도 대원들을 화합하게 하는 데 도움이 되었다는 생각이 든다.

3

겨울방학이 되자 우리는 합숙 훈련에 들어갔는데, 학교에서 집이 가까운 대원들은 집에 가서 잠을 잤고 집이 먼 대원들은 집에 가지 않고 학교에서 잠을 잤다. 선생님은 이 기간에 집중연습을 시켜, 다음 학기에는 대원의 수를 배로 늘려 지금보다 훨씬 큰 규모의 밴드부를 구상하고 계셨다. 그러려면 초기 대원은 모두 신입 부원을 가르칠 실력이 되어야 했기 때문에 합숙훈련을 기획하여, 그 기간에 우리의 실력이 일취월장하기를 기대하셨다.

    그래서 지금까지와는 달리 합숙 기간에는 학생들 각자가 다루는 악기 외에도 다른 악기를 연주하는 법을 가르쳐주셨는데, 단 자기 악기를 잘 연주해야만 배울 수 있게 하셨다. 나는 여러 악기에 호기심이 많아 북을 치는 연습 틈틈이 이 악기 저 악기를 만져보았는데, 하루는 내가 트롬본을 부는 소리를 선생님께서 들으시고 음감이 정확하다고 칭찬을 해주셨다. 그리고 다른 악기도 배울 의향이 있냐고 물으셨는데, 내가 그때 바이올린을 배우고 싶다고 하니, 선생님께서는 별다른 대가도 없이 2년 넘게 바이올린을 가르쳐 주셨다. 선생님에게 큰 은혜를 받은 것이지.

선생님은 대원 누구나 악보만 주면 어떤 곡이라도 연주할 수 있게 하려고, 음악 이론도 하루 한두 시간씩 가르치셨다. 교재는 음대생이나 배울 수 있는 악전(樂典: 서양음악에서 음악을 악보로 표현할 때 기본적인 여러 규칙이나 이론을 적어 놓은 책)이었는데, 우리가 책을 가지고 있지 않아서 중요한 것은 칠판에 쓰시면서 말로 설명을 하셨다. 합숙 기간이 20일이었는데, 그 기간에 악전을 다 끝내려고 하셨는지는 몰라도 진도가 매우 빨라 수업을 따라가기가 매우 벅찼다.

내가 중학교 입시를 준비할 때 제일 힘들게 공부한 과목은 음악이었다. 그 시절 초등학교에는 음악 선생님이 따로 없었고, 음악에 재능이 있으신 한 선생님이 일 년에 노래 두세 개를 이 반 저 반 돌아가며 가르쳐 주는 것이 고작이던 때였다. 따라서 음악 이론은 배울 기회가 없었고 단지 전과 지도서에 나오는 것을 무조건 외우는 방법밖에는 도리가 없었다. ♭이 두 개 어디 어디 붙으면 "내림 나장조"요, #이 세 개 붙으면 "가 장조"니 하는 것은 아무리 외워도 항상 헷갈렸다. 그런데 선생님의 강의를 들으니, # 이 붙는 순서는 "화도솔레라미시"요, ♭은 그 역순이며, #은 마지막 붙은 바로 윗자리가 으뜸음(도)요, ♭은 마지막 붙은 자리를 "화"로 읽으면 된다는 것을 알게 되었다. 그러고 보니 그 으뜸음에 음의 이름 (다라마바사가나 또는 CDEFGAB)중 하나를 붙이면 된다는 것도 쉽게 이해할 수 있게 되었다.

나는 수업이 정말 재미가 있어서 선생님이 칠판에 적으시는 것은 물론, 말씀 한마디도 놓치지 않고 공책에 적으려 노력하였다. 그러다 보니 나 혼자만 겨우 알아볼 수 있을 정도로 글씨는 엉망이었는데, 그날 공책에 써온 것은 다른 노트에 깨끗이 정리하며 복습할 수 있어서 오히려 엉망으로 쓴 것이 공부에 도움이 되었다.

우리 밴드부가 연습하던 곡 중에는, 가장행렬이라는 뜻을 가진 라쿰파르시타(La Cumparsita)라는 탱고곡이 있었는데, 어느 날 우리가 그 곡을 연주하는 모습을 교장 선생님이 보시게 되었다. 교장 선생님은 연주가 끝나자 흡족한 표정을 지으시면서 음악 선생님에게 "우리 밴드부도 연습하면 군악대 수준으로 잘 할 수 있을까

요?"라고 물으셨는데, 선생님은 그렇게 할 수 있다며 자신 있는 목소리로 답하셨다. 그 뒤로 교장 선생님의 전폭적인 지원이 대대적으로 이루어져서 우리 밴드부는 규모가 훨씬 커졌고, 실력도 일취월장하였다. 그리하여 군내뿐만 아니라 도내에서도 꽤 실력 있는 밴드부로 명성을 날렸다. 여기에는 음악 선생님의 열정이 있어서 가능했던 일이라고 생각한다.

    신나게 자주 연주했던 라쿰파르시타(La Cumparsita), 지금도 그 흥겹던 멜로디가 귓가에 맴도는구나.

    오늘은 이만 안녕!

20   잊지 못할 서울 나들이
(아들 며느리에게 보내는 편지 중에서)

성호, 혜원 보아라.

　　10월 초 어느 일요일이었다. 음악 선생님을 따라 우리 밴드부원은 서울 나들이를 하였다. 행선지行先地는 서울이었지만 나들이 목적은 말씀을 안 하시고 가보면 안다고만 하셨다. 어둠침침한 새벽에 떠나는 첫 통근 열차를 탔으나, 역마다 다 정차하는 완행열차여서 두 시간 이상 걸려 아침 8시경 서울 청량리역에 도착하였다.
　　역 부근의 한 식당에서 간단하게 요기를 하고 우리는 전차(1899년부터 1968년까지 서울에서 운행하던 노면전차)를 탔다. 우리가 내린 곳은 지금의 종각역쯤이었는데, 당시 이 부근에는 악기상들이 줄지어 있었다. 쇼윈도 너머로

번쩍번쩍 빛나는 관악기들이 많이 진열되어 있어, 밴드 부원인 우리에게는 저절로 눈길이 가는 흥미로운 거리였다. 우리가 간 곳은 어느 건물의 2층이었는데, 선생님이 우리에게 말씀하시기를 이곳은 음악 감상실이니 조용히 들어가 말을 하지 말고 음악만 듣다 나와야 한다고 하셨다.

우리가 조심히 문을 열고 들어가 보니 교실보다 조금 큰 홀이 나타났다. 그 안에는 탁자와 편안해 보이는 의자가 놓여 있었고 사람들도 여기저기 꽤 앉아 있었다. 우리가 빈자리를 찾아 앉으니 종업원이 차를 한 잔씩 탁자 위에 갖다 놓았다. 큰 스피커가 좌우 양편에 놓여 있었는데, 그 스피커에서는 지금까지 들어보지 못하던 아름다운 음악이 흘러나오고 있었다. 무대 한 편에는 커다란 종이가 벽에 붙어 있었는데, 큰 글씨로 그 날에 듣게 될 곡명이 적혀 있어 흘러 나오는 음악이 어떤 곡인지 알 수 있게 하였다.

학교에도 미제 휴대용 전축이 있어, 음악 시간에 몇 번 음악 감상을 하였고 선생님이 밴드 연습실에 이 전축을 놓아두었으므로 쉬는 시간에 가끔 틀어 보기도 하였는데, 그 소리와는 차이가 많은 나는 좋은 소리였다. 당시에는 보통 사람들이 라디오 한 대를 갖는 것도 쉬운 일이 아니었고 더구나 고급 전축을 집에 놓고 들을 수 있는 사람은 큰 부자가 아니면 어려운 일이었다. 레코드판도 쉽게 구할 수 있는 것이 아니었으며, 요즘처럼 음악 연주회가 자주 있지도 않았으므로, 음악을 즐기는 사람들은 서울에서라도 명동이나 종로에나 있는 이런 음악 감상실에 나와야 좋은 음악을 들을 수가 있었던 것이었다.

　우리는 시설이 잘 갖추어진 음악 감상실에서 나오는 음악에 매료되어, 신선놀음에 도낏자루 썩는 줄 모른다고 시간 가는 줄 모르고 앉아 있었다. 그렇게 넋을 놓고 음악을 듣고 있는데 밴드부 주장이 어깨를 툭툭 치며 밖으로 나오라는 듯한 손짓을 하고 있었다. 아쉬운 마음으로 밖으로 나오니, 선생님은 금강산 구경도 식후경이라고 점심을 먹으러 가자고 하셨다. 그때에야 나는 배에서 꼬르륵 소리가 나는 것을 느꼈으니 음악 감상 삼매경에 빠져 배고픈 줄도 모르고 앉아 있었던 것이었다. 나는 이런 좋은 음악을 늘 들을 수 있으면 정말 좋겠다는 생각을 하며 선생님을 따라 식당으로 갔다. 생전 처음 보는 양식당이었다.

　시골에서 보던 식당과는 전혀 달랐는데, 꽤 근사했고 좋은 향기도 나더구나. 선생님은 서울까지 나왔으니 맛있는 것을 사 주시겠다며 스테이크를 사 주셨다. 스테이크가 나오자 양식을 먹을 때 식사 예절이 있다며 가르쳐 주셨는데, 왼손에 포크를 쥐고 오른손에 들고 있는 나이프를 써서 어떻게 고기를 자르고 어떻게 음식을 입으로 가져가야 하는가를 설명하시고, 입은 벌리지 말고 소리 나지 않게 음식을 씹어 먹으라 하시었다. 배가 고파 아무렇게나 후다닥 먹었으면 좋겠지만 소위 말하는 에티켓에 따라 먹으려니 여간 어색하고 힘든 게 아니었다. 신경을 쓰며 음식을 먹으니 음식이 입으로 들어가는지 코로 들어가는지 모르며 먹었지만, 맛은 기막혔다는 기억이 있다.

이어서 선생님은 우리를 덕수궁 미술관으로 데려가셨는데, 때마침 국전과 국화 전시회가 동시에 열리고 있었다. 아름다운 국화꽃이 각양각색의 모양으로 무리를 지어 피어나 고고한 향기를 풍기고 있어, 우리는 국화꽃의 아름다움과 향기에 취하면서 좋은 그림과 조각을 감상하는데 시간 가는 줄 모르는 행복한 시간을 여기서도 보낼 수 있었다.

서울에서의 즐거운 시간은 너무도 빨리 흘러 돌아가는 기차 시간이 다가오고 있었다. 기차 놓치겠다며 재촉하는 주장이 얄밉게까지 느껴졌다. 서둘러 청량리역으로 와 막차인 완행열차를 타고 자리에 앉으니 피곤이 몰려들었다. 그러나 그것은 달콤함이 묻어나는 피곤함이었다. 선생님의 고마운 배려로 우리들의 눈과 귀, 코와 입은 맛있는 음식과 음악과 꽃, 그리고 미술품의 아름다움에 흠뻑 취하는 하루를 보낼 수 있었으니까 말이다. 우리는 지금까지 가져보지 못한 최고의 호사를 누린 것이지.

    나는 이 경험이 늘 기억 속에 남아 있어 선생님이 우리에게 가르쳐 주시고자 한 것이 무엇이었을까를 생각해보는 때가 종종 있었다. 선생님은 행복을 느끼기 위해서는 먹고 사는 문제를 어느 정도 해결해야겠지만 그것만으로는 안된다고 생각하셨던 것 같다. 교양이 삶을 더욱 풍요롭게 한다는 것을 선생님은 우리에게 알려주시려 노력하셨던 것 같다. 그래서 선생님은 도서관이 없던 우리 학교에 문학 서적을 가득 사 놓으시고 책을 많이 읽으라고 권장하기도 하셨지.

2

선생님을 통해 많은 것을 경험했는데, 그래도 내 관심을 가장 많이 끈 것은 음악이었다. 당시에 음악 감상은 시골의 문화 수준이나 경제 사정상 쉬운 것이 아니었으니 밴드부를 통한 음악 활동이 주를 이루었다. 라디오를 갖기 힘들던 시절 광석 라디오(방연석·실리콘·저마늄 등의 광석을 이용한, 동조회로·검파기 및 리시버로 이루어진 매우 간단한 라디오)에 헤드폰을 연결해 음악을 듣기도 하고, 트랜지스터가 없던 시절, 진공관식 라디오를 회로도를 보고 조립하여 밤 11쯤에 방송되던 클래식 음악을 들어보기도 했다. 그런데 광석 라디오는 방송국에서 멀리 떨어지면 음량이 작아지고, 혼선을 피할 수 없다는 문제가 있었고, 진공관식 라디오는 전기가 들어오지 않는 시골에서는 배터리로 작동했는데 그 비용이 만만치 않았다. 어쨌든 지금처럼 편하게 훌륭한 음향 장비로 음악을 즐기지는 못했지만, 음악을 찾아 듣고자 하는 열정은 누구에게도 뒤지지 않았던 것 같구나.

  음악은 내게 항상 꿈과 희망이었는데, 고등학생이 되면서부터는 입시라는 현실에 막혀 점점 멀어지게 되었다. 고3이 되니 그때까지 없던 대학입학 자격 국가 고사(지금의 수학능력시험과 비슷한 시험)가 새로운 입시 전형에 맞춰 공부에 전념해야 했다. 그 이후 대학 시절에는 공부도 하면서 아르바이트로 해야 했고, 경제적 여유도 없다 보니 음악 감상과는 거리가 먼 시간을 보내게 되었다.

그러다가 내가 다시 음악 감상에 빠져들게 된 것은 지방의 어느 고등학교에 재직하고 있던 때였다. 그때는 결혼한 지 얼마 되지 않은 신혼 시절이었는데, 결혼 전 너희 어머니의 희망 사항이 열대어가 노닐고 조용한 음악이 늘 흐르는 집에 살아 보는 것이라고 결혼 전부터 부르짖었었다. 그래서 열대어가 노니는 큰 어항은 사지 못하더라도 음악만은 듣는 집의 환경을 만들고 싶었다.

하루는 시내 레코드 가게 앞을 지나가다 쇼윈도 안에 진열된 녹음기를 보게 되었다. 일제 중고품으로 플라스틱 바퀴에 자기 테이프가 감겨 돌아가는 릴 레코더(reel recorder)였는데, 나는 가게 주인에게 사고 싶다는 뜻을 피력한 후에 청음을 해보았다. 중고였지만 고음, 중음, 저음이 균형 잡힌 소리가 났고 음질도 탁월하였다.

그런데 더욱 흥미를 끄는 것은 그 녹음기는 릴 테이프 10개를 포함해서 팔고 있는 것이었다. 목록을 보니 거기에는 베토벤과 차이코프스키의 교향곡 등, 클래식 명곡 선집에 있을 법한 좋은 음악이 녹음되어 있었다. 아마도 어느 클래식 음악 애호가가 가지고 있던 물건 같았다. 가격을 물으니 당시의 내 월급 한 달 치가 넘는 내게는 좀 큰 액수였다. 그 가게에는 마침 빌헬름 박하우스(Wilhelm Backhaus)라는 유명한 피아니스트가 녹음한 베토벤의 피아노 소나타 전집 레코드판이 진열되어 있기에 나는 제안을 하였다. 녹음기의 가격을 깎지 않을 테니 그 전집을 다 릴 테이프에 녹음해 같은 값에 주겠느냐고 흥정을 하였는데, 가게 주인은 선뜻 그렇게 하겠다고 하여 그 녹음기를 사게 되었다.

나는 이 녹음기로 음악을 듣는 재미에 빠지게 되었다. 퇴근하면 곧바로 집에 와서 저녁밥만 먹고 시간 가는 줄 모르게 음악을 들었는데, 편안함과 행복감에 취해 나도 모르게 스르르 잠이 들 때도 많았다. 밴드부 시절 선생님이 우리를 서울 음악 감상실에 데려가 경험하게 했던 즐거움을 실로 십여 년의 세월이 지난 다음에야 다시 찾게 된 것이었다.

제한된 레퍼토리(repertoire)였지만 그날 듣고 싶은 음악을 실컷 들을 수가 있게 되었으니, 그 옛날 이런 음악이 작곡되고 연주되던 왕궁이나 귀족이 사는 연주홀이 마치 내 것이 된 것인 양 즐거웠다. 녹음기를 사고 얼마 지나지 않아 열대어 어항을 방안에 들여놓았는데, 형형색색의 예쁜 물고기들이 수초 사이를 헤엄치는 것을 보며 음악을 감상하는 것도 운치가 있었다. 이때쯤 세상에 태어나 예쁘게 자라나던 연재의 아빠(성호)와 고모(고은이)는 아름다운 클래식 음악을 듣는 복만큼은 누구 못지않게 받고 태어났다 할 수 있을 것이다.

집에 있는 릴 테이프만 반복해 듣다 보니 다른 음악도 듣고 싶다는 열망이 커가고 있던 어느 날, 미국으로 이민을 간 대학 시절 합창단을 함께하던 친구가 내게 소포를 보냈다고 연락이 왔다. 그런데 무슨 문제가 생겼는지 소포는 오지 않고 세관에서 물건을 찾아가라는 통보가 왔다. 세관에 가니 친구가 보낸 소포는 금수품이니 압수 대상 물건이지만 선물용인 것 같으니 세금을 내고 가져가라는 것이었다. 상당한 세금을 내고 물건을 찾아보니 클래식 명곡 선집 한 세트가 들어있었다.

당시에 클래식 음반은 라이센스(license) 음반이라고 해서 국내 복제품만 생산이 되었고 원반은 구하기 힘들었으며 있더라도 값이 비싸던 시절이었는데, 어떻게 내 마음을 알고 이런 귀한 선물을 보내 줄 수가 있었는지 지금도 신기하기만 하다. 여하튼 감사한 마음으로 그 선물을 가슴에 안고 집에 돌아왔으나 그것을 들으며 즐기는 것은 또 다른 문제였다. 이런 클래식 원반을 제대로 듣는 데는 괜찮은 오디오 시스템이 필요하고 그것을 장만하는 데는 상당한 자금이 들기 때문이었다. 나는 한동안 그 음반들을 보고만 있을 수밖에 없었다. 무조건 이 음반을 들어봐야겠다는 열망이 커가던 어느 날, 큰맘을 먹고 최소의 비용으로 오디오 시스템(전축)을 꾸몄다. 그리고 친구가 보내준 원반을 원 없이 듣게 되었다.

    그런데 누워있으면 자고 싶다고 원반을 듣고자 하는 열망이 해결되자, 좀 더 나은 소리를 듣고 싶다는 열망이 생겼다. 그 열망은 자연스럽게 오디오로 옮겨갔는데, 마치 판도라의 상자를 열어버린 것처럼 오디오에 대한 욕심은 끝없이 커져 경제적으로 고전하는 시간을 보내기도 하였다. 산해진미에 익숙한 부자의 미각도 음식을 구할 수 없는 상황이 되어 배가 고파지면 걸인이나 먹는 음식도 맛있게 먹을 수 있지만, 귀는 한번 들은 소리를 내내 기억하고 있어 그보다 못한 소리에는 거부감을 보이는 것이 문제였다. 만족할 만한 소리를 찾아 적지 않은 돈을 들여가며 시행착오를 거듭하다가 오디오 시스템 하나에 집 전세금 정도 되는 돈을 투입해 본 일도 있었다. 많은 돈을 들여 수많은 시행착오를 거치며 오디오 세계를 섭렵하고 난 후에야, 나는 그리 큰 투자를 하지 않고도 많은 돈을 들인 사람 부럽지 않은 시스템을 꾸미는 법을 터득하게 되었다.

나는 그 친구가 보내 준 레코드판을 지금도 가끔 듣고 있는데, 디지털 음원인 CD에는 부족한 LP의 부드럽고 따뜻한 음색을 좋아하기 때문이지. 수십 년이 지나 흠이 가서 잡음이 들리기도 하지만 추억을 실어다 주는 음반이라, 나도 좋은 음반을 만나면 그 친구가 생각이 나서 그에게 보내 주기도 한단다.

요즘은 전자 기술이 발달하여 녹음 매체가 레코드판에서 CD로 바뀌었고, 앰프나 스피커의 재생 능력도 많이 좋아졌지만, 음악회에서 연주하는 것을 직접 듣는 것과는 차이가 있지. 아무리 돈을 많이 들여도 현재의 기술로는 그 정도 수준의 오디오 시스템은 불가능한 것이니, 어느 선에서 타협을 하고 음악을 즐기는 것이 현명한 길이라는 것도 뒤늦게 터득한 깨달음이었다.

그래도 문명의 발달로 에디슨이 발명한 축음기가 이렇게 Hi-Fi(high fidelity) stereo로 발전하였고, FM도 클래식 음악을 stereo로 거의 온종일 방송하고 있어 마음만 먹으면 좋은 음악을 얼마든지 들을 수 있고, 값이 비교적 저렴한 휴대용 CD player에 헤드폰만 좋은 것을 쓰면 엄청난 돈을 들인 시스템보다 못할 것 없이 음악을 즐길 수 있으니 광석 라디오를 듣던 시절에 비하면 얼마나 세상이 좋아진 것이냐?

부처님은 제자 아난다에게 말씀하시기를 "늙고 죽고 슬퍼하고 고통에 시달리고 절망에 빠지는 존재인 인간은 아름다움과 친교를 맺음으로 해방될 수 있다." 하였다. 부처가 음악을 비롯한 예술에 대해 어떤 생각을 가지셨는지 모르겠지만, 인간의 고통과 감정을 이해하려고 노력한 것으로 알고 있다. 그런 면에서 예술은 명상과 같은 심신 수련, 심신의 안정과 균형을 증진할 수단으로 매우 유용하다고 생각하는데, 나에게 있어서는 음악이 그러한 역할을 한다. 음악이 주는 유익은 슈베르트(F. Shubert)의 "음악에 붙임"(An die musik)란 노랫말에도 잘 나타나 있다.

> 너 축복받은 예술아, 얼마나 자주 어두운 시간에,
> 인생의 잔인한 현실이 나를 조일 때,
> 너는 나의 마음에 온화한 사랑을 불을 붙였고,
> 나를 더 나은 세상으로 인도하였던가!
> 종종 한숨이 너의 하프에서 흘러나왔고,
> 달콤하고 신성한 너의 화음은
> 보다 나은 시절의 천국을 나에게 열어주었지,
> 너 축복 받은 예술아, 이에 나는 너에게 감사한다!

이 할아버지가, 연재에게 100일 기념으로 선물한

오디오 시스템은 지금도 소리가 잘 나느냐? 좋은 음악을 듣는 기쁨이 연재와 너희들에게 항상 함께하기를 바라면서,

    서울에서 연재 할아버지가,

    안녕!

그 스피커에서는 지금까지 들어보지 못하던
아름다운 음악이 흘러나오고 있었다.

21 잊지 못할 등산의 기억

고등학교 1학년 때였던 것 같다. 여름방학이 거의 끝나가고 있던 어느 날, 한동네에 살던 친구 대여섯 명이 등산을 가기로 하고 목적지를 정하였는데, 우리 동네 주변에서 제일 높다는 화악산華岳山이었다. 나중에 안 사실이지만 그 산의 높이는 해발 1468m로 경기도에서 제일 높은 산이고, 10월쯤 첫눈이 내리기 시작해서 이듬해 5월까지 눈발이 날리며, 겨울에는 영하 20도 밑으로 수은주가 떨어지고, 강풍이 자주 불어 체감 온도가 영하 30도 이하가 되는 곳이었다.

    당시 우리가 그 산에 대하여 아는 것은 그 산이 동네에서 12KM 정도 떨어진 곳에 있고, 산 정상에 군부대가 주둔하고 있으나 민간인의 통행이 허락된다는 것이 전부였다. 그 산의 높이가 얼마나 되고, 산을 오르내리는데 걸리는 시간이 얼마나 걸리며, 등산의 난이도 등을 아는 친구가 없었다. 우리 중에는 제대로 된 등산 경험이 있는 사람은 하나도 없었으니 당연했다. 무식하면 용감하다고, 아침에 떠나면 저녁쯤엔 집으로 돌아올 수 있으리라 막연하게 생각하고 다들 가벼운 차림으로 나온 것이다. 한껏 준비한다는 것이 등산복 대신 지금의 예비군 복장 비슷한 학도 호국단 복으로 모두 통일해 입었다. 거기다가 발에 각반을 차고 6·25 때 미군들이 버리고 간 물병이 흔하게 있던 시절이라 그것을 허리에 찬 것이 등산 차림의 전부였다. 거기다가 먹은 것은 건빵 한 봉지 달랑 가지고 나온 것이다.

　　우리는 서두르지도 않고 평상시처럼 아침 식사를 한 후 모여 느긋하게 출발을 하였는데, 그 당시에는 그곳까지의 교통수단이 없어 순전히 거기까지 걸어서 가야만 했다.

　　우리는 이야기를 주고받고 노래도 함께 흥얼거리며 걷기 시작했는데 떠난 지 3시간쯤 후에야 산 밑에 도달하게 되었다. 우리는 산 계곡을 흘러내리는 냇가에 앉아 잠시 숨을 돌리며 가지고 간 건빵으로 요기를 한 후, 경사진 산을 계속 올라가는 본격적인 등산을 시작하였다. 막연하게 한두 시간쯤 올라갔다가 다시 내려오면 되겠거니 생각하고 올라갔지만, 생각보다 높은 산이어서 쉬지 않고 올랐어도 해가 질 무렵이 되어서야 정상에 도달할 수 있었다.

전망이 탁 트인 정상에 올라서자마자 눈 앞에 펼쳐진 절경에 감탄사가 절로 나왔다.

노을을 배경으로 운해雲海가 내 발밑으로 끝없이 펼쳐지어 있고 그 운해雲海를 자신의 머리에 이고 늘어서 있는 능선들이 일렬종대로 늘어서 있는 모습은 장관이었다. 바람은 세차게 불어 추웠지만, 그 풍경을 넋을 놓고 바라보았다.

한참을 넋을 놓고 눈 호강을 하고 있는데, 주위가 순식간에 어둑어둑해지고 있었다. 그제야 우리는 정신을 차리고 하산 걱정을 하게 되었다. 잠시 후면 곧 캄캄해질 것이었고, 손전등 같은 것도 없어 내려갈 일이 난감하게 된 것이었다. 우리는 무턱대고 아래로 뛰기 시작했다. 최대한 빨리 내려가기 위해서는, 위험했지만, 그럴 수밖에 없었다.

어디에 사람 사는 집이라도 있으면 하룻밤 묵고 갈 수 있으련만, 우리가 산을 오를 때 집은 본 적이 없고, 심마니들이 잠시 머무는 움막 하나가 산비탈에 서 있는 것을 본 것뿐이었다. 한참을 뛰다 보니 이제는 길도 잘 분간할 수 없을 만큼 어두워져 우리는 어찌할 바를 모르게 되었다. 그래도 그 자리에 가만히 있을 수는 없으니 길을 손으로 더듬어서라도 한발 한발 내려갈 수밖에 없었다. 이렇게 한참을 내려가다 보니 뜻밖에 멀리 불빛 하나가 반짝이는 것을 발견하게 되었다. 민가임이 틀림없어 보였다. 낮에는 숲이 우거져 보이지 않던 것이 밤이 되니 불빛이 비쳐 보이게 된 것이었다.

우리는 길을 손으로 더듬어 가며 불빛을 향해 무작정 걸었다.

집주인에게 우리의 사정을 이야기하면 하룻밤 신세를 질 수 있지 않을까 하는 희망을 품고 기진맥진한 상태에서 그 집에 도착했다. 방문으로 비쳐 나오는 희미한 불빛에 보니, 부엌 하나에 조그만 방 두 개가 마루도 없이 흙바닥으로 연결된 움막 수준의 집이었다. 우리는 안도의 한숨을 쉬며 도와달라고 불빛을 향해 소리를 치자 늙수그레한 아저씨가 방문을 빼죽이 열고 내다보았다. 우리는 우리가 처한 상황을 자초지종 이야기하고 하룻밤만 지내고 갈 수 있도록 사정을 하였다. 집주인은 아무렇지도 않게 손으로 건넛방 쪽을 가리키며, 일꾼이 자는 방인데 하룻밤은 보낼 만할 것이라며 쾌히 승낙하였다.

　우리가 고맙다는 인사를 하고 그 방으로 들어가니, 등잔 불빛에 한 사람이 옷을 입은 채 이불도 덮지 않고 한쪽 구석에서 자고 있었다. 방은 창문도 없었고 방문도 창호지가 다 찢어져 바람이 술술 들어왔다. 그래도 방바닥은 뜨거워 이불이 필요 없을 만큼 방안공기는 따뜻하였다. 그때가 한여름이었지만 산속의 밤은 추웠다. 그래서 이 산속의 집은 여름에도 난방하는 것 같았다.

　천만다행으로 위험한 상황을 모면한 우리는 따끈한 방바닥에 앉아 가슴을 쓸어내리며 안도의 숨을 내쉬고 있었는데, 방문이 열리더니 집주인이 감자 삶은 것 한 바가지를 방에 밀어 넣으며 요기라도 하라는 것이었다. 나는 허겁지겁 내려오느라 배고픈 줄도 몰랐는데, 먹을 것을 보니 갑자기 배가 고파오는 것을 느꼈다. 밥이 아닌 감자였어도 감지덕지하였다. 허기를 채우니까 피곤이 몰려와 따끈한 방바닥에 눕자마자 곧 잠에 곯아떨어지게 되었다.

　날이 밝자 우리는 부지런히 일어나 주인에게 백배 사례를 하고 그 길로 집에 무사히 돌아올 수 있었다. 만일 우리가 이 집을 발견하지 못했다면, 설령 발견했다 하더라도 집주인의 호의가 없었다면 우리는 꼼짝없이 산속에서 길을 잃고 추위에 떨었을 것이고, 산짐승의 공격을 받아 위험할 수도 있었을 것이다. 재워 주고 먹을 것까지 내어다 주신 집주인의 호의 덕분에 무사히 집으로 돌아오게 되어 감개무량할 뿐이었다.

  오랜 세월이 지났지만 지금도 그때의 상황이 생생하게 그려진다.
  아무런 준비도 없이 무모하게 등산을 갔다가 맞닥뜨린 위험한 상황도 그렇지만, 무엇보다 우리를 구원해 준 산속의 오두막집과 집주인의 모습이 눈에 선하다. 그분이 우리에게 베풀어 준 것은 허름한 방에 우리를 하룻밤 자게 한 것과, 집에 있던 감자를 삶아 준 것뿐이었지만, 그날 저녁 그분은 우리의 생명을 구해 준 것이나 다름이 없으니, 그 은혜를 어찌 값으로 계산할 수 있겠느냐? 이처럼 작은 베풂이라도, 그것을 받는 사람들에게는 크나큰 도움이 될 수 있다는 것을 생각하여, 우리도 기회가 되는 대로 우리의 도움이 필요한 사람들을 도와야겠다는 생각을 해 본다.

  안녕!

우리는 길을 손으로 더듬어 가며
물빛을 향해 무작정 걸었다.

22   나의
    첫사랑

고등학교 1학년 2학기가 개학하고 읍내에서 20리 떨어진 시골집에서 다른 학생들과 같이 버스로 통학을 하게 되는 첫날이었다. 그 전에는 읍내에 있던 누님이 자취하는 집에서 편하게 다녔는데, 누님이 결혼하시고 서울로 가셔서 집에서 통학하게 되었다. 내가 사는 동네가 종점이어서 창가의 좋은 좌석을 골라 앉을 수가 있었다.

버스는 읍내 정류장까지 약 30분 정도 걸렸는데, 가면서 중간에 두세 번 서서 다른 동네 학생들을 더 태우고 갔다. 중간쯤의 거리에서 버스가 섰는데, 타야 할 학생들은 아직 정류장에 다 도착하지 못했다. 이 정류장에서 버스를 타는 학생들은 폭이 50여m 되는 개울을 건너와서 타는 학생들이었다. 그 개울에는 다리가 없어 버스를 타기 위해서는 물을 건너야 했다. 장마가 끝난 후라 개울의 수위가 높아져, 평소에는 깊이가 그리 깊지 않던 물이 그날은 무릎 위까지 올라와 건너기가 수월하지 않았을 것이다. 마음씨 좋은 버스 운전사는 바로 떠나지 않고 그 학생들이 올 때까지 버스 정류장에서 기다려 주고 있었다. 기다려 줄 터이니 천천히 오거라, 라는 말도 잊지 않는 마음씨 좋은 운전사였다.

바지를 걷어 올리고 책가방을 머리에 이고, 맨발로 조심조심 개울을 건너오고 있는 학생 중에 여학생이 한 명 보였는데, 다른 남학생들보다 물을 건너는 것이 힘들어 보였다. 만일 미끄러져 넘어지지 않나 걱정하며 나는 그 여학생이 개울을 다 건널 때까지 눈을 떼지 못하고 바라보고 있었는데, '다행히' 그 여학생은 물을 무사히 개울을 건너 버스를 탔다. 이미 좌석은 다 차버려서 그녀가 앉을 자리는 없었다. 그녀는 잠깐 두리번거리더니 내 자리 근처에 자리를 잡고 서게 되었다.

무심코 그 여학생을 바라보던 나는 그녀의 얼굴을 보는 순간 잠시 숨이 멎는 듯했다. 긴 속눈썹에 시원하게 큰 눈과 검은 눈동자, 오뚝한 코, 하얗고 고운 피부를 가진 그녀가 내 눈에는 마치 하늘의 선녀가 내려와 서 있는 것 같이 예뻐 보였다. 나는 마술에 걸린 듯 그녀에게서 눈을 뗄 수가 없었지만 다른 학생들이 눈치를 채지 못할 만큼 보는 듯 안보는 듯 그 여학생을 바라보다 읍내 정류장에 도착하였다. 나보다 먼저 통학하던 친구에게 알아보니 나보다 아래 학년이라는 것을 알아냈고 이름도 알 수가 있었다. 나이는 몰랐지만 내가 2년을 월반했으니 아마도 내 나이 또래쯤 되었을 것이다.

그날 이후로는 그 여학생의 얼굴이 늘 내 눈에 어리었다. 수업하는 중에 칠판을 보고 있어도, 집에 와서 책을 보고 있어도 버스에서 봤던 그 여학생만 머릿속에 떠올랐다. 내 가슴은 짜릿한 아픔과 함께 두근두근 뛰었으며, 나도 모르게 그녀의 이름을 애절하게 부르고 있는 나 자신을 발견하고는 스스로 놀라기도 하였다. 밤에도 그 여학생 생각으로 늦게까지 잠을 이룰 수 없었다. 내가 그녀를 짝사랑하고 있는 것이 분명하였다.

다행히 통학 버스는 아침마다 그 여학생이 기다리는 정류장에 섰고, 보고 있어도 보고 싶을 만큼 그리운 그녀의 얼굴을 잠시나마 바라볼 수 있는 기적은 등교하는 날마다 이어지고 있었다. 읍내 버스 정류장에는 제과점도 있었으니 잠시 만나서 이야기라도 주고받을 수 있는 공간은 있었지만, 그 당시에는 남녀 교제가 남녀 공학인 학교에서도 금지되어 있었고, 만일 그 사실이 알려지면 정학을 당할 수도 있었다. 내 마음을 적은 편지라도 슬쩍 그녀에게 전해 줄 생각도 했지만, 그녀가 그 편지를 어떻게 받아들일지 모를 일이어서, 나의 마음이 거절당할까 봐 두려워 차마 용기를 내지 못했다.

나의 애타는 심정이 어쩌면 그녀에게 전해질 수도 있으리라고 생각하며 지내는 중에, 어느새 가을이 가고 크리스마스가 가까워지면서 길거리 전파사에서는 크리스마스 캐럴이 울려 나오고 있었다. 그리고 서점에는 형형색색의 크리스마스 카드를 선보이고 있었다.

서점 앞을 지날 때마다 카드를 살까 말까 서성인 적이 한두 번이 아니었다. 그녀에게 크리스마스 카드라도 보내어 나의 마음을 전달하고 싶었지만, 용기가 나질 않았다.

그렇게 마음만 있을 뿐 나의 마음을 실행에 옮기지 못하고 있는 것을 자책하는 중에 크리스마스는 다가왔다. 그러던 어느 날이었다. (크리스마스 이틀 전, 그러니까 12월 23일로 기억한다.) 그날도 서점을 서성이다가 결국 발길을 돌려 집으로 왔는데 발신인 이름이 없는 편지가 나를 기다리고 있었다. 봉투를 열고 보니 크리스마스 카드 한

장이 들어있었다. 그런데 놀랍게도 "Merry Christmas and Happy New Year!"란 문구 아래 그 여학생의 이름이 영문으로 쓰여 있는 것이 아닌가? 내 가슴은 방망이질하듯이 뛰었다. 나의 애절한 마음이 이심전심으로 그녀에게 전해진 것이 틀림없다고 생각했다. 용기가 없어 내가 먼저 카드를 보내지 못한 것이 부끄럽기까지 하였다.

다음날 일어나자마자 당장 카드를 사서 그녀에게 보내야겠다고 생각하면서 별다른 내용 없이 "Merry Christmas and Happy New Year!"란 문구만 있는 카드를 계속 보고 있었다.

이 작은 카드 하나가 나의 크리스마스를 더욱 특별하게 만들어 줄 것만 같았다. 적어도 그 날은 그랬다.

저녁을 먹은 후 설레는 마음을 주체할 수 없었던 나는 동네 친구 집에 갔다. 누군가에게 기쁜 소식을 자랑하고 싶은 무의식이 발동되어서 내 발걸음이 친구 집을 향한 것일 수도 있었다. 친구는 나가고 없어 잠시 기다리던 중 심심하여 별생각 없이 책상 서랍을 열어보았다. 그 서랍 안에는 크리스마스 카드 봉투가 들어있어 무심코 꺼내 보았는데, 발신인이 적혀 있지 않았다. 내가 받은 것에도 발신인이 적혀 있지 않았기에 뭔가 불길

한 예감이 들었다.

봉투를 열어 크리스마스 카드를 펴 보는 순간 나는 충격을 받고 말았다. 같은 필체의 그 여학생의 영문 이름을 본 것이었다. 별다른 내용 없이 "Merry Christmas and Happy New Year!"란 문구만 있는 내게 보낸 카드와는 다르게, 그 카드에는 예쁜 글씨로 그녀의 마음을 표현한 글로 가득 채워져 있었다.

나의 마음은 충격을 받았다. 그동안 고백하지 못한 나의 짝사랑이 이렇게 멀어지는가 싶었다. 마치 허망한 꿈에서 깨어나는 듯한 느낌이었다.

나는 망연자실하여 친구의 방을 빠져나와 터덜터덜 걸어 집으로 왔다. 그녀를 위해 나의 친구를 응원해 주자고 다짐도 했지만, 나의 마음은 여전히 정리되지 않아, 다음날 학교 가기 위해서는 잠을 자야 했지만, 잠이 오지 않았다. 밤을 새웠다.

그렇게 나의 첫사랑은 불면의 하룻밤을 만들고 나의 곁을 떠나갔다.

이제 나이 들어 그때를 돌이켜보니, 그때 잠깐의 짝사랑은 아름다운 추억으로 남아있구나. 어린 나이에 처음 이성을 사랑하다 보니 모든 것이 서툴렀던 것이지.

학창 시절을 보낸 사람들 대부분은 짝사랑에 대한 추억이 있을 것이다. 짝사랑했던 그 순간만큼은 감동적인 순간으로 남아있겠지. 그리고 그때의 감정은 순수했을 것이고 현재의 삶에서는 찾아볼 수 없는 특별한 경험이었을 것이다. 그렇기에 내가 그 시절을 추억하고 회상하는 것은 당시의 감정을 다시 한번 느끼고 싶어서겠지. 그리고 그것은 나를 포함하여 짝사랑을 경험했던 모든 사람의 자연스러운 마음일 것이다.

그 여학생은 지금은 어느 하늘 아래서 어떻게 살고 있는지 알 수 없어도, 언제나 사랑받는 여인으로 행복하게 살고 있기를 기원해 본다.

안녕!

23 밴드부 시절 3

1

봄이 오자 교장 선생님은 우리 밴드부에 적극적인 지원을 시작하셨다. 그 덕분에 밴드부는 악기도 열 개를 더 늘릴 수 있었고, 밴드부원도 더 모집할 수 있게 되었다. 나는 밴드부에서 누리는 재미가 정말 좋아 전도사처럼 동네 중학생 친구들에게 권하여 밴드부원이 되게 하였다. 우리 밴드부의 연주 실력도 일취월장하여 여름방학 합숙 훈련이 끝날 때쯤에는 군악대 수준을 거의 따라가는 연주가 가능하게 되었다. 학교에서는 광복절 기념행사에 입을 제복을 맞춰 주었는데, 바지는 당시 멋쟁이들에게 유행하던 아래로 내려갈수록 바지폭이 넓어지는 나팔바지에 옆 솔기에는 세로로 흰 줄을 친 것이었고 상의는 흰색 카라를 단 세일러복 비슷한 디자인이었다. 이런 멋진 제복을 입고 밴드부는 광복절 기념행사에서 당시 군악대에서 즐겨 연주하던 "성조기여 영원하라", "워싱턴 포스트 마치"등의 행진곡을 연주하였는데, 길가를 가득 메워 선 시민들 사이를 행진하는 우리들의 어깨도 으쓱해지고 있었다. 고적대로 출발한 지 일 년 만에, 교장 선생님의 적극적인 지원과 음악 선생님의 열정적인 지도로 눈부신 발전을 이룬 것이다.

신입생 몇 명이 밴드부에 새로 들어오자, 선생님은 나에게 북 치는 것을 그만하고 클라리넷을 불라고 하셨다. 내게 배정된 악기는 국산이었는데, 리드(입에 물고 소리를 내는 대나무를 얇게 깎아 만든 떨림판)는 오래 연주하여 끝이 뭉툭해져 소리를 내기가 쉽지 않았다. 서툰 일꾼이 연장 탓만 한다는 말도 있지만 처음 만져보는 악기라 더 힘들었을 것이다. 내기 선생님에게 리드를 새것으로 바꾸어 달라고 말씀을 드리니, "칼로 다듬어 써라. 어떻게 새것으로만 쓰겠느냐?" 하시며 나의 부탁을 일축하셨다. 당시만 해도 리드는 수입품뿐이어서 비싸기도 했을 테고, 아껴 쓰게 하려고도 그러셨을 것이지만, 나로서는 좀 기다려 보라는 말씀이라도 듣고 싶었는데, 어렵사리

드린 말이 무시되는 것 같아 마음이 좀 상했다. 나는 면도칼로 리드를 다듬어 보기도 했으나 손재주가 없어서인지는 몰라도 힘들기는 마찬가지였다. 그렇게도 하고 싶던 밴드부였고 기적적으로 들어와 열정적으로 임했던 밴드부 활동이었지만, 악기가 내게 맞지 않으니 흥미를 잃게 되어 연습시간이면 연습실 밖에서 어슬렁거리며 방황하게 되었다.

    연습시간이 되면, 나는 보면대에 악보를 펴 놓고 악기를 조립하여 그 앞에 세워 놓은 후, 잠시 앉아 있다가 연습이 시작되면 슬그머니 일어나 빈 교실에 가 낮잠을 청하는 것이 일과가 되었다. 북 치는 자리로 돌아가는 것도 이미 후임이 들어와 있으니 쉽지 않은 것이었고, 물려준 자리로 도로 가고 싶지도 않았다. 며칠 이렇게 하면 무슨 말씀이 있을 것이라 예상을 하였고, 만일 선생님이 이런 태도로 하려면 그만두라고 하시면 그만둘 심산이었다. 그렇게 하기를 아마도 한 달 이상을 했을 것 같다. 아무리 밴드부원들이 스스로 알아서 연습을 잘하고 있다고 하더라도, 선생님이 하루 한두 번쯤은 나와 보셨을 것이다. 그러면 분명 내가 악기만 세워 놓고 계속 자리를 비우고 있는 것을 보셨을 텐데, 선생님은 내게 아무 말씀도 하지 않으셨다. 그리고 주장도 본척만

척 아무 말이 없었다.

그러던 어느 날 내가 연습실에 갔더니 먼저 나와 계시던 선생님이 나를 부르시는 것이었다. 이제는 올 것이 왔다고 생각하고 선생님 앞으로 갔더니, 새 악기를 내게 보여 주시며 이제부터는 이것을 연주하라는 말씀을 하시는 것이었다. 천만뜻밖이었다. 선생님이 나를 위해 새 악기를 사 오신 것이었다. 그 악기는 벨(Bell)이라는 악기였는데, 실로폰처럼 알루미늄판이 붙어 있고 밤톨만 한 나무 방울이 달려 있었는데, 그것을 두드리면 맑은 종소리가 나는 악기였다. 어깨띠가 달린 혁대를 허리에 차고 악기를 걸치면, 행진하면서도 한 손으로 악기를 붙들고 다른 손으로 연주할 수 있게 만들어져 있었다. 누구라도 채로 두드리면 소리가 나는 악기였지만, 피아노가 소리내기는 쉬워도 제대로 연주하는 것이 어렵듯이 이것도 연주가 만만치는 않았다. 선생님이 내게 주신 악보는 플루트나 피콜로용 악보였는데, 16분의 1 음표와 꾸밈음이 까맣게 꽉 들어찬 어느 파트의 악보보다 복잡한 것이었다. 플루트나 피콜로는 입술에 살짝 걸치고 부는 악기이니 행진하며 연주하기가 어려우므로, 내가 연주할 벨(Bell)이 그 역할을 대신하도록 계획하신 것이었다.

선생님은 악보가 너무 복잡하여 못하겠다는 소리가 나오지 않도록, 음이 빠른 부분은 채로 스르륵 밀고 지나갈 수도 있다는 방법도 알려 주셨다.

　　나는 이 악기가 마음에 들었고 연주하는 것도 정말 재미있었다. 나는 정확하게 모든 음을 다 두드려 연주하기 위하여 발로 박자를 맞추며 연습을 하였다. 이 악기는 악보를 보면서는 정확하게 건반을 두드리기가 힘들어서 악보를 처음부터 외우는 것이 필수였지만 악보를 외우는 것도 재미있었다. 내가 악보만 건네주어도 잘 연주하니, 연습시간에 선생님은 흐뭇해하시며 내 옆을 지나가시고는 하였다. 어느 날은 교감 선생님이 우리가 연습하는 것을 보러 오셨는데, 내가 손을 빠르게 움직이며 연주하는 것을 물끄러미 바라보셨다. 연주가 끝나자 "너 그걸 정말 음을 제대로 맞추어 두드리는 것이냐? 그냥 막 두드리는 것 아니냐?" 하시며 껄껄 웃고 지나가신 일도 있었다.

　　하루는 날씨가 더워 나무 그늘 밑에서 연습을 하고 있었는데, 선생님이 내 곁에 오시더니 발로 박자를 맞추지 말고 마음속으로 박자를 맞추라고 일러 주셨다. 선생님 말씀을 듣고 내 발을 보니 먼지가 풀풀 날릴 정도로 열심히 박자를 맞추고 있었다. 선생님이 보시기에 내가 연습하는 모습이 경박하게 느끼셔서 그리 말씀하신 것 같아 민망하였다. 열심히, 그리고 잘 하는 것도 중요하지만 품위도 지키는 연습이 필요하다는 뜻으로 그렇게 말씀하신 것이 아닌가 하는 생각이 들었다.

2

우리 학교는 해마다 시월에는 학부모님과 시민들을 초대하여 예술제를 하였는데, 음악과 무용이 곁들인 일종의 연극제였다. 우리 밴드부의 몫은 오페라 "춘향전"의 갈라 콘서트(하이라이트 부분만 골라 연주하는 것)를 연주하는 것과 시작 전과 막간에 흥을 돋우는 연주를 하는 것이었다. 그런데 생각도 하지 않은 일이 생겼다. 선생님이 나에게 연주할 때, 지휘하라는 것이었다. 주장도 있고 선배 부원들도 있는데, 2학년인 나에게 맡기신 것이 처음에는 어리둥절하였다. 나중에 생각해보니 선생님이 악전을 강의하실 때 내가 열심히 필기하는 모습과 선생님에게 바이올린을 배울 때 해당 곡에 관한 음악 이론을 질문하시면 대답을 잘 했다는 것을 기억하시고 나에게 맡기신 것 같았다. 선생님은 시작할 때와 끝날 때를 부원들에게 확실한 신호를 주는 방법을 알려도 주신 후, 지휘봉을 내 손에 넘겨 주셨다. 북을 치면서 내가 만일 지휘자라면 어떻게 연주하겠다고 꿈꾸던 일이 현실이 되었고, 더구나 여러 선생님과 학부모님들 앞에서 지휘봉을 들게 되니 가슴 벅찬 일이었다.

너희들도 잘 알다시피 지휘자가 기본적으로 하는 일은 연주자들이 모두 같은 리듬을 따라갈 수 있도록 박자를 정확하게 짚어 주는 것이다. 그런 다음에 어떤 부분은 조금 짧게 연주하고, 또 어떤 부분은 조금 강하게 연주하라고 알려 주어 그 음악에 대한 해석을 통일시켜 연주를 빛내는 중요한 역할이다. 그 중요한 역할을 나에게 맡기신 선생님은 나에게 벅찬 선물을 주신 것이다.

당시 국경일에는 관민 합동으로 운동장에서 경축 행사를 하였고 해마다 예술제와 체육대회도 열렸다. 경축 행사에 동원되고, 예술제나 체육대회에도 참석하느라 밴드부는 늘 분주하게 활동을 하였다. 행사 후에는 대체로 장국밥을 함께 먹으며 단합대회를 하는 것이 관례가 되었다. 그러던 어느 날 여느 때와 같이 행사를 마치고 장국밥집을 갔는데, 거기서 선생님이 다른 학교로 전근을 가신다는 것을 주장이 이야기해주었다. 우리는 청천벽력과 같은 소식을 접하게 된 것이다. 지금까지 근

3년 동안 우리를 가르치시고 사랑해 주시던 선생님이 학교를 떠나시게 되었다는 것이었다. 우리는 눈물로 선생님을 전송하고 나서는 마치 팔이 떨어진 듯 낙담하여 망연자실하고 앉아 있었는데, 주장이 일어서서 비록 선생님은 우리 곁을 떠나셨지만, 우리는 열심히 선생님이 공들여 일으키신 밴드부를 유지하여 그 은덕에 보답하자고 하였다. 우리는 의기투합하여 한 사람도 빠지는 사람이 없이 매일 밴드부에 나와 연습을 하였다. 선생님이 떠난 빈자리는 완전히 메꿀 수는 없었지만 말이다.

3

얼마 전에 나는 음악 선생님을 내 차에 모시고 옛날 밴드부를 하던 학교를 찾아가 본 일이 있었다. 지금도 그 학교 근처에서 사는 트럼펫을 불던 선배가 선생님과 당시의 밴드부원들을 초청했기 때문이었다. 나와 다른 부원 두 사람이 동행하여 모두 네 사람이 한 차를 타고 옛날 밴드부 시절 얘기를 하며 가던 중, 나는 선생님에게 늘 궁금했던 것을 여쭈었다. 선생님이 나보고 클라리넷을 불라고 하셨을 때, 내가 악기만 꺼내 놓고 연습을 안

하고 자리를 비우던 것을 어떻게 그 여러 날 그냥 보고만 있으셨냐고 여쭈니, 선생님은 "그때나 지금이나 나는 자유지!"라고 선문답 같은 대답을 하셨다. 나는 얼른 그 뜻을 알아들을 수가 없었는데, 한참 후에야 선생님이 예술가이셨음을 생각해 낼 수가 있었다. 예술이란 자유롭고 즐거운 마음이 없이는 생명을 잃고 마는 신비로운 것이니 억압이나 강제 속에는 어떤 예술도 있을 수 없다는 것이 선생님에게는 자명한 것이었고, 따라서 선생님이 그 당시 나를 그냥 내버려 두신 것도 당연한 일이었을 것이다.

    차가 예상시간보다 일찍 도착하여 학교를 들어가 보려고 우리는 모교 정문 앞에 차를 세웠다. 그런데 정문이 굳게 잠겨있었고 학교 이름도 가이사(Kaiser)라는 단어가 빠진 가평중고등학교로 바뀌어 있었다. 교문 틈으로 보이는 학교 건물도 개축되어 단층에서 3층 건물로 커져 있었다. 후문 쪽으로 차를 몰아 가까이 가보니 다행히 문이 열려있어 안으로 들어갔는데, 연습실이 있던 강당을 찾아보니 강당은 흔적도 없이 헐려 나갔고 운동장만 더 넓어져 있었다. 운동장 한쪽 귀퉁이에 있던 Kaiser 중사의 기념비도 모양이 변한 것 같아 가까이 가보니 좀 더 크게 다시 세웠고 Kaiser 중사의 양각 흉상과 그의 사연이 적힌 기념비는 그대로였다. 그 당시 사립학교였던 학교가 공립학교로 바뀌면서 학교 이름도 바뀌고 건물도 개축하게 된 것 같았다. 많은 것이 변해 우리를 반긴 것은 Kaiser 중사의 흉상과 운동장뿐이었다. 세월이 그렇게 흘렀으니 당연한 것이겠지. (최근 그 선배에게 들은 말은 학교 동창회의 건의로 학교 이름을 다시 가이사(Kaiser)로 복구하는 절차를 진행하고 있다는 반가운 소식이 있더구나.)

    선생님과 추억을 더듬다 보니 약속 시간이 다가왔다. 아쉬운 마음을 갖고 다시 차를 타고 약속 장소로 가니 다른 밴드부원 네 명이 벌써 와서 선생님과 나를 기다리고 있었다. 우리는 그 선배가 예약해 놓은 식당 방에 들어가 선생님과 함께 식탁에 둘러앉았는데, 실로 50년의 세월이 지난 후에, 그 옛날 장국밥으로 단합대회를 하던 밴드부 시절이 다시 찾아온 느낌이 들었다. 우리를 초대한 선배가 마련한 푸짐한 식탁에서 우리는 선생님의 건강을 기원하면서 소주잔과 콜라 잔을 주거니 받거니 하며 옛 추억 속에 빠져들었다. 분위기가 무르익어 갈 때, 악기장을 하던 선배가, 모 일간지의 편집국장을 지낸 기자 출신답게, 옛날 우리들의 단체 사진 한 장을 액자에 넣어 가지고 왔다. 그 사진을 보자, 그 순간만큼은 밴드부를 하던 학창시절로 돌아간 기분이었다. 그 선배도 밤이면 선생님 하숙방을 찾아가 작곡법을 배우곤 하였다는 말을 하면서 지나간 날들을 그리워하고 있었다. 나도 그 사진이 있었지만 잃어버렸는데, 주장이 자기 집에 사진이 있다며 나를 주었다. 나는 그 사진을 다시 갖게 된 것이 마치 보물이라도 얻은 것 같아 그 사진을 식탁 위에 올려놓고 아침저녁 들여다보는 것이 하루의 즐거움 중 하나가 되었다.

선생님이 화장실 가신다고 밖으로 나가시자 주장은 "빨리 따라 나가 부축해 드려! 네가 선생님 사랑을 제일 많이 받았잖아!"라고 나를 일으켜 세우더구나. 선생님과 늘 연락을 끊지 않고 있던 주장이 어느 날 선생님의 소식을 내게 전하며 한 말은, "그 눈이 동그랗던 아이는 지금 어디서 무엇을 하느냐?"고 유독 내 안부를 물으시곤 했다는 것이었다. 나도 선생님을 늘 마음속으로 존경하며 잊지 않고 있었지만, 연락을 드리지 못하고 있었다. 그러다가 수십 년 만에 선생님 연락처를 주장이 알려 줘 전화를 드려 조만간 찾아뵙겠다고 말씀드렸더니, 선생님은 "무얼 만나겠느냐? 이렇게 옛날의 추억을 간직한 채 연락이나 하자."고 하시었다. 내게 부담을 주지 않으시려고 일부러 그렇게 말씀하신 것이었는데, 바빠서 미처 그 생각을 하지 못했던 것 같다. 내가 의사가 되어 개원했을 때, 병원 주소를 주장을 통해 아시고는 오히려 선생님이 당신의 친구이신 내 담임선생님과 함께 나를 찾아오신 송구한 일도 있었다.

선생님은 때로 이사를 하시게 되면 전화번호를 바꾸시고 우리와 연락을 끊기도 하셨는데, 우리에게 부담이 될 것 같아 그러셨을 것이다. 어느 날 연락이 안 되어 주장한테 말하니 발이 넓은 주장이 몇 시간도 안 되어 선생님 전화번호를 알아내고 내게 알려 준 일도 있었다. 얼마 후 다시 사은회 자리에 앉으신 선생님이 주장을 보고 하신 말씀은, "나는 저 애가 무서워! 꼭 국가정보원 같아! 나는 어디 가서 숨어 살 수도 없다니까!"라는 것이었다. 내가 모르게도 선생님은 몇 번 연락을 끊어 보셨는데, 그때마다 실패하신 것 같았다. 주장은 우리들과 선생님의 소중한 인연의 끈을 우리를 대신해 지금까지 놓지 않고 붙잡고 지내 온 것이었다.

오랜간만에 만난 우리는 이야기꽃을 피우느라 시간 가는 줄 몰랐다. 마음 같아서는 다들 날을 새고 싶었을 것이다. 어렵게 만든 자리라 더욱 그러한 마음이 들었으리라. 아쉽지만 다음에 만날 것을 기약하고 나는 선생님을 모시고 서울로 돌아오게 되었다. 돌아오는 길에서도 선생님과 주장, 그리고 나는 술자리에서 마저 하지 못한 이야기들로 꽃을 피웠다. 차창 밖은 우리의 이야기꽃을 시샘하는 듯이 매서운 겨울바람이 불어 차창을 연이어 핥고 있었다.

　　선생님과는 다음을 기약하며 선생님 집 앞에서 헤어졌다. 돌아오는 길은 차가웠지만 내 마음만은 따뜻했다.

　　안녕!

우리는 의기투합하여 한 사람도 빠지는 사람이 없이
매일 밴드부에 나와 연습을 하였다.
선생님이 떠난 빈자리는 완전히 메꿀 수는 없었지만 말이다.

24 머나먼 이국에서 전사한
19살 병사의 어머니

내가 다닌 중학교는 가평에 있는 가이사 중학교인데, 가평은 내가 태어나 자란 경기도의 한 군의 이름이기도 하고 군청 소재지인 작은 읍의 이름이다. 보통 작은 읍에는 하나의 중학교만 있고, 그래서 당연히 학교는 그 지역명으로 짓는데, 가이사 중학교라는 이름이 왠지 생뚱맞았다. 그런데 그렇게 명명한 이유가 있었다. 이 학교 운동장 한쪽에는 탑이 서 있어 학교가 세워지게 된 간단한 사연이 그곳에 새겨져 있었는데, 나중에 알게 된 사연은 이러했다.

    6·25사변이 끝났을 때까지 이곳에는 고등학교는 물론 중학교도 없었다. 그래서 진학을 하려면 70리 정도 떨어진 춘천이나, 150리 정도 떨어진 서울로 가야 했다.

그 시절에는 그렇게까지 진학을 하고자 하는 집이 거의 없었다. 대부분 가난한 농가였으니 초등학교만 졸업하고 진학을 포기할 수밖에 없던 어려운 시절이었다.

　이를 안타깝게 생각한 한 독지가가 읍내의 하천 부지에 천막을 몇 개 세우고 학생들을 모아 중학교 과정을 가르치고 있었다. 말이 학교였지 피난민들의 임시 수용소 같은 곳이었다. 이를 안타깝게 여긴 분이 있었는데 그 지역에 주둔하고 있던 미 제40사단의 사단장인 클리랜드 장군이었다. 그가 솔선수범하여 금일봉을 내놓고, 사단의 장병들이 모금에 참여하여 건축비를 마련하여 교실 10칸과 강당 그리고 가사 실습실, 육영관育英館을 건축해 주었다.

　학교의 선생님들과 군민들은 이를 감사하게 여겨 학교 이름을 클리랜드 장군의 이름으로 하자는 여론이 일어나게 되었는데, 이를 알게 된 장군은 극구 사양하였다. 대신 미 제40사단이 한국전에서 전투하던 중 수백 명이 전사하였는데, 그들을 대표하여 최초로 목숨을 잃은 장병인 카이서(Kenneth Kaiser Jr.)중사의 이름을 넣어 달라 하였다. 자신의 이름은 이 학교 운동장 이름에나 넣어 달라 하여, 학교 이름이 가평 가이사 중. 고등학교가 된 것이었다.

클리랜드 장군과 카이서 중사의 기념물은 희망탑이라 불리는 탑과 학교 건물 현관 입구 좌우편에는 클리랜드 장군과 카이서 중사의 청동으로 된 양각 흉상이 있었다. 내가 이 학교에 입학하니 미제 노트 두어 권과 연필 몇 자루를 선물로 주었는데, 나보다 먼저 들어온 상급생들은 겨울철 교복 위에 입을 수 있는 점퍼도 선물로 받았다는 것이었다. 학교의 빈 교실에는 미국의 중고등학교 도서관에나 있을 법한 영문으로 된 책들이 산더미처럼 아무렇게나 가득 쌓여 있었는데, 기차 화물칸 2개 분량을 미국에서 실어 왔다니 웬만한 크기의 도서관을 채우고도 남을 만한 분량이었다. 하지만 당시의 한국 학생들이나 선생님들에게 영어로 쓰인 책들은 별로 효용이 없어 그렇게 방치되고 있었던 것 같았다.

내가 1학년이던 해, 여름방학이 가깝던 어느 날 강당에서 나팔 소리가 계속 들려 궁금하던 차에 강당으로 갔는데, 음악 선생님이 악기 여러 개를 놔두고 하나하나 불어 보고 계셨다. 나중에 알고 보니 미국에 사는 카이서 중사의 어머니가 우리 학교에 밴드부를 만들 수 있도록 여러 가지 악기들을 보내셨다는 것이다. 그래서 음악 선생님이 악기들의 상태를 점검하고 계신 것이었다.

2학기가 시작되면서 카이서 중사의 어머니 덕분에 우리 학교에 밴드부가 창설되었다. 나는 겨울방학이 가까워질 때쯤 음악 선생님의 제안으로 밴드부에 들어가게 되었다. 그 후 고등학교 3학년이 되기 전까지 5년 동안 밴드부원으로 즐겁게 학교생활을 할 수 있었다.

밴드부를 운영하려면 여러 가지 악기를 구색을 갖추어야 하기에 악기값이 많이 들어, 서울의 중. 고등학교들도 밴드부가 흔하지 않던 시절에, 시골 학교에 밴드부가 있어 과외 활동을 할 수 있었던 것은 나에게 크나큰 행운이었다는 생각이 든다.

얼마 전의 일이었다. 오랜만에 만난 밴드부의 악기장을 하던 선배와 이야기하던 중에 나는 그에게서 내가 모르고 있던 충격적인 사실 하나를 알게 되었다.

사연인즉, 카이서 중사의 어머니가 우리 학교에 밴드부용 악기를 보낸 후에도, 몇 년간 쉬지 않고 뜨개질을 하여 우리 학교 전교생이 입을 수 있도록 수백 개의 털스웨터를 보내셨다는데, 그것이 인천항에 도착하여 통관되는 과정에서 모두 분실되어 우리 학교에 전달 되지 않았다는 것이다. 그 안타까운 사실을 안 주요 일간지와 유엔군 사령부에서 발간하던 자유의 벗이라는 잡지에 대서특필로 보도도 되었다는 것이었다.

나는 이 이야기를 들으며 가슴이 뭉클해졌다. 털 스웨터 수백 개를 어떻게 몇 년을 두고 짜서 한국으로 보낼 수가 있었는지 상상이 가지 않았다. 애석하게도 그분이 공을 들여 짠 스웨터들은 지구 반대편에 있는 학생들 손에 하나도 전해지지 못했지만, 그분은 자신 아들 이름으로 명명된 학교의 학생들을 생각하며 매일 밤낮으로 한 올 한 올 스웨터를 짜셨을 것이라는 생각이 들더구나.

그 어머니는 아들을 한국전에 보내면서 곧 다시 돌아오겠다는 아들을 눈물로 전송을 한 후 날마다 아들의 무사 귀향을 빌고 또 빌었을 것이다. 그러던 어느 날 갑자기 아들의 전사 소식을 들었을 때, 가슴이 무너지는 참척慘慽의 고통을 느끼셨을 것이다.

카이서 중사의 어머니는 슬픔 속에서 지내다가 머나먼 타국에서 싸우다가 전사한 19살 꽃다운 아들의 희생을 기려 세워지는 학교가 있다는 소식을 들었을 것이다. 그래서 슬퍼하기보다는 공산화를 막는데 일조한 아들을 위해 자신이 할 수 있는 일을 생각하시고는, 머나먼 타국에 아들의 이름으로 명명된 학교에 자기 아들보다 어린 학생들이 공부하고 있을 것을 생각하며 스웨터를 한 올 한 올 짜셨을 것이다. 더불어 자기 아들의 희생이 자유와 평화를 지키기 위한 의로운 죽음이라는 것을 한국에 있는 사람들이 영원히 기억해 주길 바라는 마음은 아니었을까? 하는 생각도 해본다.

카이서(Kenneth Kaiser Jr.) 중사는 미국 켈리포니아주 L.A. 인근 잉글우드 출신이며 잉글우드 고교를 졸업하고 입대하여 켈리포니아 제40사단에 배속되었다. 6·25 사변 시 중공군의 한국전 개입으로 유엔군의 전세가 불리해지자 조셉 클리랜드 장군 휘하의 40사단은 한국전에 투입되어 1952년 1월 동부전선의 미 24사단과 임무 교대를 하였다. 인해전술을 앞세운 중공군과 인민군을 상대로 이듬해 7월 휴전 때까지 1년 6개월 동안 제40사단이 치른 4대 전투 중 하나가 금성지구 전투였다. 5형제 중 막내였던 카이서 중사는 그 전투 중 1952년 1월 20일 19살의 꽃다운 나이로 전사 하였는데, 실전 투입 며칠 만이었고 미 제40사단의 전사자 중 최초의 전사자였다.

그의 유해는 미국으로 보내져 그의 부모님의 뜻에 따라 잉글우드 시 공원묘지에 묻혔다. 가평의 가이사 중고등학교에는 가이사 기념관이 생겼고, 1954년 L.A.로 철수한 미 제40사단도 카이서와 가이사 중고등학교를 잊지 않고 가이사 전시관을 차려 가평 학생들이 보내온 감사 편지와 엽서, 선물들을 전시하고 있어 전쟁 중에 맺어진 아름다운 인연을 증거하고 있다. 크리랜드 장군의 유언으로 그의 미망인은 매년 2000달러의 장학금을 모금해 2002년 작고할 때까지 가이사 중고등학교에 전달하였다고 하며, 지금도 매년 학교 졸업식 날에는 40사단에서 빠짐없이 사단을 대표하는 장교와 사병을 보내 학생들의 졸업을 축하해 주고 간다고 한다. 카이서 중사의 아버지와 어머니 두 분은 자기 집 인근에 묻힌 카이서 중사의 무덤을 아침저녁으로 찾아가 비운에 간 아들을 애도하였다고 하는데, 그들이 운명하는 순간까지 그렇게 하였다고 한다.

안녕!

25 그리운 누이동생
정송이

6·25 사변에는 군인들 외에 국민의 피해도 막대하였는데, 우리 집도 예외가 되지 못하여 열 명의 가족이 피난을 떠났지만, 전쟁이 끝나 집에 돌아왔을 때는 다섯 명으로 줄어 있었다. 피난 중 포탄에 희생되기도 하였고, 무슨 병인지도 모르는 전염병에 걸려 약도 한번 제대로 써보지 못하고 유명을 달리하기도 하였지.

    그중에서도 누이동생 정송貞松이를 잃은 것이 내게는 가장 마음이 아팠는데, 아버님을 따라 먼저 고향으로 돌아갈 때까지만 해도 멀쩡하던 아이가 불과 두어 달 사이에 어떻게 그렇게 되었는지 알 수가 없었다. 어머님, 누님과 같이 고향에 돌아와 보니 정송이가 없었다. 아버님은 정송이가 손쓸 사이도 없이 죽었다고 하셨다.

　갑자기 고열이 나며 기침을 하였는데, 병원도 없어 근처 미군 부대에서 약을 얻어와 먹여 보긴 했지만 아무 효험이 없었고, "아빠 눈이 안 보여, 눈이 안 보여…"하며 숨이 멎었다는 것이었다. 정송이는 그렇게 급작스러운 죽음을 맞이했고, 산에 묻혔다. 어린 그 당시에 나는 정송이의 죽음이 믿기지 않았다. 그래서 그 아이가 죽지 않고 산속 어딘가에서 헤매고 있을 것이란 생각을 했었다.

　숨이 멎은 사람이 잠시 후 다시 살아나는 경우는 어쩌다 있을 수는 있겠지만 땅에 묻기까지 한 사람이 다시 살아날 수는 없는 일인데도, 나는 터무니없이 정송이가 분명 살아 있을 것이라고 믿으면서 그 아이를 잃은 아픔을 스스로 달랬던 것 같구나.

　나보다 네 살 아래여서 그 아이는 그때 겨우 여섯 살쯤 되었을 것인데, 유난히 예쁘고 싹싹하기도 하여 정이 가는 아이였다. 어머님의 말씀에, 제 언니가 잘못하여 꾸중을 들을 때면 옆에서 "얼른 안 그런다고 빌어! 그러면 매를 맞지 않잖아!"하며 마치 자기가 언니인 양 안타까워하기도 하였다는 것이었다. 나는 그 아이의 죽음을 믿을 수가 없었고, 그 아이가 분명 다시 살아나 산을 헤매다가 어떤 사람에게 발견되어 아마도 그 집에서 자라고 있을 것이라는 생각을 하였다. 초등학교 다닐 때였는데, 아랫반 여자아이 중에 정송이를 닮은 아이가 있었다. 나는 그 아이가 어려서 모르고 남의 집에서 지내고 있는 동생으로 생각하여 가서 이름이라도 물어볼까 고민한 적이 있었다.

    정송이를 생각하면 나는 늘 가슴이 아릿하게 아팠다. 그 아련한 통증은 대학생이 되고 나서도 한동안 내 가슴에 남아있었다.

    누이야
    가을산그리매에 빠진 눈썹 두어 낱을
    지금도 살아서 보는가
    정정淨淨한 눈물 돌로 눌러 죽이고
    그 눈물 끝을 따라가면
    즈믄 밤의 강이 일어서던 것을
    그 강물 깊이깊이 가라앉은 고뇌苦惱의 말씀들
    돌로 살아서 반짝여 오던 것을
    더러는 물속에서 튀는 물고기같이
    살아오던 것을
    그리고 산다화山茶花 한 가지 꺾어 스스럼없이

건네이던 것을
누이야 지금도 살아서 보는가
가을 산 그리매에 빠져 떠돌던, 그 눈썹 두어 낱을 기
러기가
강물에 부리고 가는 것을
내 한 잔은 마시고 한 잔은 비워 두고
더러는 잎새에 살아서 튀는 물방울같이
그렇게 만나는 것을
누이야 아는가
가을 산 그리매에 빠져 떠돌던
눈썹 두어 낱이
지금 이 못물속에 비쳐 옴을
송수권 '산문에 기대어' 전문

이 시를 읽어 본 적이 있는지 모르겠구나? 정송이가 생각날 때마다 꺼내어 읽는 시詩다. 너무 이른 나이에 떠나버려 흔한 남매간의 다툼도 해보지 못한 것이 못내 아쉬울 때도 있었다.

오늘따라 별이 유난히 밝구나.

추신:

연재가 벌써 내일모레면 태어난 지 6개월이 되어가는구나.

나의 마음이 그래서인지는 모르겠지만, 유난히 동그랗고 큰 눈과 둥근 머리통을 보면 나를 닮아 있는 것 같아 사진을 볼 때마다 기분이 좋아지는구나. 그리고 장난감을 가지고 놀면 누가 불러도 자기 노는 것에 열중한다는 것도 나를 점점 더 닮아 가는 것 같아 역시나 기분이 좋다. 나와 비슷한 모습과 행동을 하는 손자를 보면서 마치 내가 제2의 인생을 사는 것 같아 신기하고 흐뭇하기도 하지. 부디 연재에게는 이 할아버지가 겪었던 어려움이 없는 늘 즐겁고 보람찬 생이 기다려 주기를 빌어본다.

눈길

26　뜻과 길 1

내가 고등학교를 졸업하고 대학에 진학하는 데는 많은 우여곡절이 있었다. 내가 고3이 되던 해, 5.16이 일어나 전국의 고등학교에 휴교령이 내려졌고 9월이 되어서야 다시 학교가 문을 열게 되었는데, 개학하자마자 내게 청천벽력靑天霹靂과 같은 소식이 전해졌다. 그것은 대학입학 자격시험을 국가가 주관하여 실시하겠다는 것이었다. 부정 입학과 무능력자의 대학입학을 막고자 하는 것이었는데, 실제 당시 입시 관련 부정과 비리가 만연해 있어서 필요한 조치였다고는 생각한다. 그전까지의 대학 입학시험은 대학 정원의 10%를 고교 내신만으로 무시험 선발하도록 하고 나머지 인원은 필답 및 구술고사 70% 서류전형 30%를 반영한 점수로 선정하여 선발하였다. 그런데 의무사항이 아니었기에 학교에 따라 도입 여부는 달랐다.

군사정권이 들어선 이후 새로 도입된 대학 입시 전형은 국어, 사회(일반사회, 도덕, 국사), 수학, 과학(물리, 화학, 생물, 지구과학), 실업·가정(농업, 공업, 상업, 수산업, 가정 중 택일), 영어의 필수 6과목과 선택 1과목을 필기시험 보는 것이었다. 그리고 필기시험 외 체능검사, 신체검사, 면접시험 성적으로 대학 입시를 실시했는데, 국민 체력 향상이라는 취지로 도입된 체능검사 점수가 총점 350점 중 50점이나 차지하기도 하여 당시 말들이 많았다.

지금까지는 원하는 대학의 입시 과목만 준비하면 그만이었으나 자격 고사라는 이름으로 입시생들이 많은 부담을 안게 된 것이었다. 학교는 학교대로 새로운 입시 전형에 맞추어 입시 준비를 하느라 학생들을 닦달할 수밖에 없게 된 것이었다. 어쨌든 많은 고생을 하고 시험을 보게 되었는데, 나는 내가 지원한 대학의 치의예과에 1차 합격자가 되었지만, 2차 체력장 시험결과를 합산한 최종 합격자 명단에는 들어가지 못했다. 내가 체력장을 남들보다 못했다고 생각되지는 않았기에 너무 뜻밖의 일이었으나 어디가 따져 볼 수도 없었다.

후기대학 입학원서를 내게 되었는데, 후기대학은 시험을 따로 보지 않고 자격 고사 점수로 대체하게 되어 있었다. 내 점수는 꽤 괜찮아서 후기대학은 어느 대학이나 골라서 갈 수가 있었고, 꽤 경쟁률이 높은 대학의 어느 학과는 기숙사비를 포함하여 등록금이 전액 면제되는 곳도 있었기에 마음을 비우고 진학할 수도 있었으나, 내가 원하던 대학의 학과가 아니기에 마음을 정하기가 어려웠다. 그래서 나는 한 번 더 재도전하겠다는 생각을 하였다. 재수하는 동안은 한눈 한 번 팔지 않고 열심히 공부하여 입학금과 등록금을 전액 면제해 주겠다는 신설 공과 대학에 입학하게 되었다.

학교는 서울의 누님 집에 기거하며 다녔다. 누님 집과 학교와는 거리가 꽤 멀어 통학하는 것이 힘들었지만 전공하는 공부가 흥미가 있어서 피곤한 줄 모르고 학교를 열심히 다녔다.

입학한 지 세 달쯤 되었을 때, 공부만 하다 보니 몸이 허약해져 몸보신도 할 겸 부모님도 찾아뵐 겸 연휴가 있어 시골집에를 갔다. 공부하느라 고생했다고 어머님이 맛있는 음식을 잔뜩 차려 주시어 과식을 하였다. 아무리 주렸더라도 자제했어야 했는데, 과식이 문제가 되었는지 밤새 복통으로 고생을 하였다. 위장에 무슨 심각한 문제가 생긴 것이 틀림없는 것 같았다. 전에도 한 번 그런 일이 있어 한동안 고생한 적이 있었기에 이번에는 더럭 겁이 났다. 나는 아버님과 의논하여 서울의 한 종합 병원에 입원하게 되었다. 의사 선생님은 위에 문제가 있다는 말만 하고 구체적인 병명을 말해주지 않았다. 의사가 된 지금 생각해보면 출혈이 있었던 것으로 보아 미란성 위염이었을 것이다.

집의 경제 사정은 예전 같지 않아 입원비 마련이 쉽지 않았다. 아버님은 내가 상급 학교에 진학하는 것에 늘 반대해 오셨으면서도 내가 가는 길을 막지는 않으시고 늘 지원을 하셨는데, 내가 대학을 가면 학자금을 하시겠다고 준비해 두었던 산을 팔아 입원비를 대셨다. 이제 아버님 연세도 꽤 많아지셨고, 하시던 가게도 정리하시고 농사만 지으셨기에 수입이 넉넉지 못했던 것이었다. 내 병세는 그래도 빨리 호전되어 한 달 후에는 퇴원하게 되었는데, 나는 병원에 입원해 있으면서 삶과 죽음에 대해 많은 생각을 하게 되었다. 만일 내가 하고 싶은 일을 다 하고 내 삶을 마치게 되는 순간이 오더라도 허무하게 끝나게 되겠구나 하는 생각에, 인생의 허무함을 뼈저리게 느끼는 계기가 되었다.

퇴원하여 집에 돌아온 후 나는 무엇보다 건강이 제일 중요하다는 것을 절실히 느껴 일단 휴학하고, 건강이 회복되는 대로 아버님의 농사일을 거들기도 하고 산에 가 나무도 해다 땔감 보충도 했다. 아버님의 농사일을 거드는 정도로 일을 했지만, 몸이 완전히 회복되지 않아서인지 쉽지는 않았다.

　　아버님이 토끼 한 쌍을 구해 오셔서 토끼도 키우기 시작했는데, 어찌나 잘 자라고 번식력도 좋은지 곧 수십 마리로 늘어나는 재미도 볼 수 있었다. 집터는 넓고 텃밭도 수백 평이 되어 돼지와 닭도 키웠다. 아버님은 저녁때면 개울에 나가 그물을 치시고 새벽 먼동이 트면 그물을 걷어 오셨는데, 고기를 잘 잡으셔서 물고기 반찬은 늘 있었고, 가을이면 먹고 남은 물고기를 소금에 절여 햇빛에 말려 두시기도 했다. 앞마당에는 큰 꽃밭을 만들고 채송화, 분꽃, 봉선화, 과꽃 등의 각종 꽃씨를 뿌리기도 하고, 동네에 수소문하여 백합, 달리아, 칸나, 글라디올러스 등의 구근球根도 얻어다 심어 놓고, 장미와 포도도 심었다. 농사짓는 재미를 느껴서인지 아니면 몸이 좋아져서인지는 몰라도 종일 일을 해도 몸도 피곤하지 않았고, 무엇보다 마음이 편안해져서 좋았다. 이리저리 분주하게 움직이며 채소며 꽃들을 심어 놓으니 집안은 다채로운 빛깔과 향기로 가득했다.

　　주경야독이라고, 낮에는 일하고, 밤에는 "문체의 장엄함"으로 유명한 킹 제임스 성경을 읽기도 하고, 영어 원문으로 된 종교 서적을 읽으며 공부에 대한 아쉬움을 달랬다. 낮에는 땀 흘리고 밤에는 성경이나 종교 서적을 읽으면서 마음의 평화를 갖게 되니 건강도 많이 좋아졌다. 지금 돌이켜 보면 나름대로 꽤 행복했던 내 인생의 한 토막이었다는 생각이 든다. 처칠은 이런 말을 했더구나. "인생에서처럼 전쟁에서도 종종 소중하게 여긴 계획이 실패했을 때, 열려있는 최고의 대안을 찾는 일이 필요하며, 만약 찾고서도 전력을 다해 그 일에 정진하지 않는다면 이는 어리석은 일이다." 내가 이런 말을 그때 알고 행한 것은 아니었지만, 내 나름대로 최선을 다했다고 생각한다.

　　안녕!

박넝쿨

27   뜻과 길 2

낮에는 아버님과 농사일하고 밤에는 성경을 읽으면서 고향 집에서 지낸 지 일 년이 지날 무렵이었다. 동네 장로교회 목사님이 우리 집을 찾아와 나에게 도움을 요청하셨다. 교회에서 운영하는 고등공민학교에 수학과 과학을 가르칠 선생님이 필요하다며 내게 이 과목들을 맡아달라는 부탁이었다. 내가 아직 대학생이라 교사 자격이 없다고 하니 고등공민학교는 교사 자격증은 필요하지 않다고 하시었다. 가정 형편이 어려워 진학을 하지 못하는 학생들을 모아 가르치는 것이므로 학생들에게 여름에 보리쌀 한 말, 가을에 쌀 한 말을 수업료로 받는다고 하시었다. 그리고 선생님들 대우가 여의치 못하여, 여름에 보리쌀 한 가마니와 가을의 쌀 한 가마니를 드리는

게 전부라고 말씀하시면서, 동네의 가난한 아이들에게 봉사한다는 마음으로 아이들을 맡아달라고 부탁하셨다.

나는 아버님과 같이 농사일을 하는 상황이라서 선뜻 하겠다는 말을 하지 못하고 머뭇거리고 있는데 아버님이 가서 도와주라고 흔쾌히 승낙해 주시어 학생들을 가르치게 되었다. 수학과 과학뿐만이 아니라 내게 음악 과목도 배정되어 밴드부 시절 배운 음악 실력을 발휘하여 합창단을 만들었는데, 학생들은 학과공부보다 합창단에서 노래 부르는 것을 좋아했다.

겨울방학이 되자 서울에서 교사 연수회가 있으니 참석해 달라는 소식이 왔다. 나는 이 연수회에 며칠을 참석한 후 돌아오는 길에 진로 상담을 해볼 생각으로 내가 졸업한 고등학교에서 기숙사의 도방장(사감 밑에서 학생들을 지도감독하는 사람)을 하셨던 분을 찾아뵈었다. 그분은 서울 시내 모 고등학교에 재직하고 계셨는데, 내가 학교 다닐 때는 신학을 전공하던 대학생이었다. 내가 그 기숙사에서 생활하던 때에는 늘 엄격하게 사칙을 지키도록 감독을 철저히 하시던 분이셨다. 공부하는 시간과 쉬는 시간, 기상 시간과 취침시간을 꼭 지켜야 했고, 외출과 외박도 반드시 허락을 받아야 했으며 규칙을 어기면 벌을 받아야 했다. 하루는 도둑 외출을 했다가 들켜 일요일 종일 기숙사 진입로를 고치는 벌을 받기도 했고, 취침시간에 잠을 자지 않고 몰래 매점에 가서 고구마 과자를 사와서 기숙사 동기들과 같이 나누어 먹다가 들켜 벌로 눈 쌓인 기숙사 마당을 쓴 적도 있었다.

원칙주의자여서 엄격하셨지만, 고등학교 한 반 친구의 누님과 결혼하시어 친근감이 가는 분이었다.

내가 찾아가니 그분은 나를 아주 반갑게 맞아 주셨고, 그분의 사모님도 내가 고등학교를 졸업할 때, 동생의 친구라고 졸업 선물로 아령을 사 주시기도 했던 터라 반가워하시며 식사까지 내주셨다. 식사를 마치자 선생님은 내 근황을 물으셨다. 나는 대학을 다녔는데 아파서 그만두고 시골에서 아버님 농사 도와 드리면서 고등공민학교에서 교사로 일하고 있다고 간략하게 말씀드렸다.

선생님은 봉사활동도 좋은 일이지만 공부는 할 때 하여야 하니 대학교에 가는 것이 좋지 않겠냐며 대학 진학을 권하였다. 가정 형편이 그럴만한 여유가 안 된다고 말씀을 드렸더니 선생님은 공부는 때가 있다며 도전해 보라고 하시며 경제적인 것은 어떻게든 해결이 될 것이라며 오늘이라고 당장 입학원서를 접수하라는 것이었다. 나는 아무 준비가 되어있지 않다고 했지만, 이것 저것 다 따지면 할 일이 어디 있겠느냐며 용기를 내라고 하셨다.

　　입학시험 날짜를 알아보니 일주일 정도 남아있었다. 시간이 얼마 남지 않아 공부할 시간이 부족하여 무모한 일인 것 같은 생각이 들기도 했지만 크게 손해 볼 일도 없는 일이니, 나는 선생님의 충고를 따르기로 하였다. 종교에 심취해 있던 나는 자연히 신학을 공부하고 싶었다. 중고교시절에는 교회에 나가지 않았지만, 초등학생 때는 어머님과 교회를 자주 갔었다. 기독교에 관심이 깊어질 때여서였는지 모르겠지만, 그때 귀동냥으로 들었던 목사님의 설교가 언뜻 기억나기도 하였다. 나는 선생님이 졸업한 학교에 진학하기로 마음먹었다. 신학이 특화된 학교라 지금의 나에게 딱 맞는 학교라고 생각하였다.

　　내가 졸업한 고등학교도 그 대학 부속으로 있는 학교여서 친근하기도 하였다. 그리고 그 대학은 기숙사 시설이 잘 돼 있으며 식당도 자극적이지 않고 영양가 있는 음식을 제공하고 있었기에 위장이 좋지 않아 식당 음식에 늘 불편해하던 내게는 그 점 또한 마음에 드는 곳이었다.

나는 곧바로 지원할 대학에 가서 입학원서를 냈지만, 일주일 동안에 무슨 준비를 어떻게 하여야 할지 막막하였다. 정부에서 시행하는 대학입학자격 국가 고사는 잠정폐지되어 본고사를 치러야 했는데 시험 과목은 국어, 영어, 국사 그리고 성경이었다. 입시 준비할 시간이 별로 없으니 어차피 기본 실력으로 시험을 볼 수밖에 없었지만, 국사가 제일 자신이 없었다. 나는 연대와 날짜를 외우는 일에 늘 자신이 없던 터라 전에 보던 국사 참고서를 꺼내 놓고 남은 시간 동안 최대한 복습을 하는 수밖에 없었다. 그런데 웬일인지 전에 찾아오지 않던 친구들이 자주 찾아왔다. 촌각을 다투는 상황이었지만 공부한다는 티를 내기가 싫어 상대해주다 보니 그나마 남은 일주일도 제대로 공부해 보지도 못하고 시험을 보게 되었다.

별다른 준비도 하지 못하고 시험을 치르게 되었다. 갑자기 결정하였기 때문에 떨어져도 그만이라는 생각이 들어서인지 긴장되지는 않았다. 영어, 국어, 성경은 정말 쉬워 자신 있게 답안을 썼으나 국사만은 원래 잘하지 못하고 준비도 하지 못해 자신이 없었다. 시험이 끝나고 함께 시험을 본 후배들에게 물어보니 국사 문제가 쉽게 출제되었다는 것이었다. 나는 그 말에 낙심하였다. 내가 쉽게 문제를 푼 국어나 영어가 아닌, 나에게는 어려웠던, 국사가 쉬웠다면 합격이 쉽지 않겠다는 생각이 들었기 때문이었다.

합격자 발표하는 날 합격 여부를 확인하러 학교에 가야 했는데, 가는 것이 두려웠다. 만약 벽보에 붙은 합격자 명단에 내가 없다는 것보다 같이 시험을 본 후배들을 마주쳐서 내가 합격하지 못한 것을 그들이 아는 것이 두려웠다. 내가 고등학교에서 우등생이었던 것을 본 후배들 앞에서 나는 얼굴을 들을 수가 없을 것 같았다. 그래서 생각해 낸 것이 해가 저물어 어둑어둑해질 때, 다른 사람들이 다 합격자 명단을 보고 간 후에 가서 보겠다는 것이었다. 그래서 해가 질 때까지 기다려 학교에 갔다. 경비실 앞을 지나가고 있는데 안면이 있는 여대생이 내 앞을 지나가며 축하한다고 말하는 것이다. 내가 합격했다는 것이다. 내가 그걸 어찌 아느냐고 물어봤는데, 내가 수석 합격이어서 안다는 것이었다. 믿기지 않아 농담하지 말라고 했지만, 그녀는 믿기지 않는다면 직접 가서 확인해 보라고 했다. 나는 가슴이 두근거리기 시작했는데, 그래도 내 눈으로 확인하기 위해 빠른 걸음으로 학적과 앞 벽면에 붙어 있는 합격자 명단을 보았는데, 정말로 맨 위에 첫 번째로 내 이름이 적혀 있었다. 수석 합격이 분명했다. 합격만 해도 감지덕지라고 생각했던 내게는 기적 같은 일이 일어났다는 생각을 떨칠 수가 없었다.

    내게 무조건 입학원서부터 내고 도전해 보라고 권유하시던 선생님이 없었다면 이런 결과는 당연히 일어나지 않았을 것이다. 새삼 내게 대학 시험을 보도록 권유하신 선생님께 고마운 생각이 들었다. 내가 수석 합격을 한 것이 너무 감격스러워 한참을 멍하니 서서 합격자 넝던 맨 위에 있는 내 이름을 보고 또 보았다. 그렇게 감격에 겨워 한참을 바라보던 나는 차츰 제정신이 들어, 학업을 계속하기에는 아무런 경제적 준비도 되어있지 않은 내 현실에 생각이 미치기 시작했다. 합격은 했지만 어떻게 이 학업을 꾸려나가야 할지 막막하기만 하였다. 수석 합격이라면 장학금이 있을 것이라는 생각에 미치자 그것을 알아봐야겠다는 생각이 들었다.

그래서 대학 직원인 총무과장님을 찾아뵙고 장학금에 대해 여쭤보았다. 과장님은 수석 합격자에게는 일 년간 등록금이 면제되는 제도가 있지만 일단 학생이 등록금을 내면 나중에 등록금이 장학금으로 지급된다고 말씀하셨다. 나는 내 가정 형편을 이야기하고 등록금의 절반이라도 준비하면 일단 등록을 받아주실 수 있겠느냐고 물었더니, 과장님은 그렇게 해 주겠다는 약속을 하셨다. 나는 이어서 학교에 온 길에 내 모교로 가서 고등학교 때 물리와 수학을 가르치신 선생님을 찾아뵈었다. 그분은 일제 시절 동경 물리 학교를 졸업하신 실력 있는 선생님이셨는데, 과묵하시지만 학생들에게 애정 어린 관심을 주셔서 학생들이 존경하던 분이었다.

내가 늦게나마 대학에 수석으로 입학하게 되었다는 것을 선생님에게 말씀드렸더니 굉장히 좋아하셨다. 그런데 내 표정이 그리 밝아 보이지 않으셨는지 선생님은 수석 합격한 아이의 표정이 아닌 것 같다며 고민이 있으면 말해 보라 하셨다. 그래서 나는 내 형편을 말씀드리고 학업을 이어가면서 학비를 마련하는 것이 고민이라고 말씀드렸다. 이를테면 휴학하지 않고 가정교사나 막일 같은 것도 좋으니 일을 하면서 학업을 계속 이어가고 싶으니 좋은 방법이 있으시면 말씀해 달라고 부탁드렸다.

　선생님은 한참을 생각하시더니 뜻이 있는 곳에 길이 있다는 말씀을 하시며 자신이 구체적으로 무슨 방법을 제시해 줄 수는 없지만, 그 말을 믿는다고 하셨다.

　선생님도 동경 유학 시절 궁핍하여 학교 다니는 시간 외에는 아르바이트를 닥치는 대로 하시면서, 학업을 절대로 중간에 포기하지 않고 끝마쳐야겠다는 다짐으로 힘든 유학 생활을 견디셨다는 것이다. 선생님은 힘든 환경 속에서도 그날 공부한 것을 매일 다 외울 때까지 잠을 자지 않을 정도로 공부에 대한 열정이 있었다는 말을 덧붙이시면서 뜻이 있는 곳에 길이 있다는 말씀을 다시 한번 강조하셨다.

　나는 선생님의 말씀에 큰 용기를 얻고 집으로 돌아올 수 있었다. 집에 오자마자 나는 아버님에게 대학에 합격했다고 말씀드리고 대학 등록금 절반과 기숙사비를 입학할 때만 지원해주신다면 다음 학기부터는 내가 학비를 벌면서 공부를 하겠다고 말씀드렸다. 아버님은 아들에게 공부할 수 있는 좋은 여건을 만들어 주지 못한 것이 미안하시다면서 등록금은 걱정하지 말라고 하시었다.

내 말을 옆에서 들으신 어머님은 안타까운 마음에 당신이 나가시는 감리교회 목사님을 찾아가셔서 나의 사정을 말씀드렸다. 그 목사님은 길이 있을 것이라며 자신이 졸업한 신학대학에 문의하여 입학원서도 내지 않은 내게 4년 동안 학비를 전액 면제해 주겠다는 학교의 제안을 나에게 알려주셨다. 좋은 기회라고 생각했지만, 나는 망설임 없이 내가 시험을 본 대학을 다니기로 하였다. 제삼자가 보면 이해할 수 있는 것은 아니었지만 그때 당시 나는 잘못된 믿음을 가지고 있었다. 그래서 그 믿음에 따라 나는, 지금에 와서 생각해보면, 바보 같은 선택을 한 것이지. 가정 형편이 좋지 않았던 나에게 정말 좋은 조건이었음에도 그것을 뿌리칠 만큼 나는 그 믿음에 빠져 있었다.

지금에 와서 그때를 돌이켜보면 잘못된 선택을 한 것이었지만, 그때의 나는 아르바이트하며 공부하느라 고생을 하면서도 원하던 공부를 할 수 있다는 것이 행복하여 모든 일에 열정적으로 임했다. 그 결과 수석으로 졸업할 수 있었다.

이탈리아 토리노박물관에 그리스 조각가 리시포스의 '카이로스(Kairos)'라는 특이한 대리석 부조浮彫가 있다는구나. 카이로스는 그리스 신화에 나오는 시간(때)과 기회의 신인데 생김새가 이상하여 앞머리는 무성하고 뒤쪽은 대머리다. 양쪽 어깨와 발뒤꿈치에 날개가 달려 있고, 손에는 저울과 칼이 들려 있다. 그리고 그 아래에는 그리스 시인 포세이디포스의 다음과 같은 시가 쓰여 있다.

"너는 누구인가?
나는 모든 것을 지배하는 시간이다.
왜 앞머리가 머리 앞으로 내려와 있지?
내가 오는 것을 쉽게 붙잡을 수 있게 하기 위하여.
그렇다면 뒷머리는 왜 대머리지?
내가 지나친 뒤에는 누구도 나를 붙잡을 수 없기 때문이지…."

이 시의 의미는 기회는 바람같이 사라지기 때문에 한 번 놓치면 붙잡을 수 없다는 것이다.
내가 공부에 뜻을 버리지 않고 있었기에 도방장 선생님이 공부는 때가 있는 법이니 당장 대학에 응시하라는 말을 받아들일 수 있었던 것 같구나. 이후로도 나는 좋은 기회가 내게 오는 것을 붙잡을 수 있었다. 그러면서 뜻을 가지고 사는 것이 얼마나 중요한 일인가를 절감하게 되었구나.

오늘은 이만 안녕!

선생님은 힘든 환경 속에서도 그날 공부한 것을 매일 다 외울 때까지 잠을 자지 않을 정도로 공부에 대한 열정이 있었다는 말을 덧붙이시면서 뜻이 있는 곳에 길이 있다는 말씀을 다시 한번 강조하셨다.

28　아버님과 명심보감
(아들 며느리에게 보내는 편지 중에서)

혜원, 성호 보아라:

1

내가 세상에 태어나 처음 만난 선생님은 나의 아버님이라고 할 수 있다. 누구나 걸음마를 떼고 학교 들어가기 전에 아버지나 어머니로부터 배우게 된다. 이를테면 밥 먹고 나서 양치질하기, 거짓말하지 않기, 어른에게 인사하기, 누군가에게 도움을 받았을 때 인사말 하기 등이 있겠지. 그렇지만 한글이나 한자를 부모로부터 배우는 경우는 드물 것이다. 물론 요즘에는 부모들도 학식이 풍부한 경우가 많아 직접 학교 교육에 필요한 것을 가르치는 경우도 많겠지만 말이다. 그러나 내가 어렸을 때만 해도 그런 경우는 거의 없었다. 먹고 살기 바빠서이기도 했지만, 부모가 배운 것이 없어 가르칠 수도 없는 경우가 대부분이었다. 그런데 초등학교에서 3년 공부한 것이 전부이신 아버님은 그런 시대에 드물게도 나에게 천자문과 한글을 가르쳐 주셨다. 읽고 쓰는 것 정도는 해야 어느 정도 세상에서 사람 구실을 할 수 있을 것이라는 생각이셨던 것 같은데, 학교에서 배울 것인데도 조바심에 초등학교도 입학하기 전에 나를 가르치셨던 같구나. 그러나 내가 초등학교에 입학한 후 아버님은 내 교육에 일절 관여를 하지 않으셨다. 막 시작한 가게 때문에 여력이 없어서서 그랬지만 공부에만 매달리는 것도 좋지 않다고 생각하셔서 요즘의 극성맞은 부모들처럼 자식에게 닦달하지 않으셨다.

 6·25사변이 일어나 약 2년 가까이 피난을 다니다 다시 고향에 돌아와 4학년에 편입하게 되었는데, 그때쯤에는 불에 타버린 집도 다시 짓고 아버님의 장사도 꽤 궤도에 올라 모든 것이 제 자리를 찾아가고 있었다.

 이때부터 아버님은 잠들기 직전에 불을 끄고 잠자

리에 누우신 채로 명심보감明心寶鑑의 구절들을 외워서 들려주신 후 그 뜻을 풀어서 설명해주셨다. 너희도 아는 것이겠지만 명심보감의 명심明心이란 명륜明倫·명도明道와 같이 마음을 밝게 한다는 뜻이고, '보감寶鑑'은 보물과 같은 거울로서의 교본이 된다는 뜻이지.

"하늘을 순종하는 자는 살고, 하늘을 거역하는 자는 망한다."(順天者는 存하고, 逆天者는 亡이니라.)

"사람들끼리 비밀리에 소곤거리는 작은 소리도 하늘은 천둥소리처럼 크게 들리고 깜깜한 지하 암실에서 품은 나쁜 마음도 신의 눈에는 번갯불처럼 환하게 보인다."(人間私語라도 天聽은 若雷하고, 暗室欺心이라도, 神目은 如電이라.)

"오이씨를 심으면 오이를 얻고, 콩을 심으면 콩을 얻는다. 하늘의 그물이 넓어서 보이지 않으나 새지 않는다."(種瓜得瓜요 種斗得斗니, 天網이 恢恢하나 疏以不漏니라.)

"악한 일을 하여 하늘에 죄를 얻으면 빌 곳이 없다."

(獲罪於天이면 無所禱) 고 말씀하셨다.

위의 것은 지금도 내가 기억하는 천명편天命篇의 몇 구절이다. 간단히 말하면 선한 행동을 해야 모든 일이 순조롭다는 의미를 담고 있다고 볼 수 있겠다. 아버님은 종교를 갖고 있지 않으셨어도, 사람은 하늘을 두려워하며 양심을 가지고 살아야 한다는 것을 가르쳐 주셨는데, 이것이 아버님의 철학이었다.

학이시습學而時習이 배움의 기본이니, 배운 것을 항상 복습하고 연습하면 그 참뜻을 알게 된다고 하시며, 전날에 배운 것들을 복습하게 하셨는데, 여러 날이 지난 후라도 어떤 한문 원문을 말씀하시고 그 뜻을 물으시면 내가 대답을 해야 했다. 이렇게 명심보감의 중요한 부분을 추려서 공부하다 보니, 지금도 내 귀에 아버님의 말씀이 들리는 듯 그 구절들이 떠오르고 있구나.

그 구절들을 나열해 본다.

"착한 일을 하는 사람에게는 하늘이 복을 주고, 악한 일을 하는 사람에게는 하늘이 재앙을 내린다."
爲善者는 天報之以福하고, 爲不善者는 天報之以禍

니라.

"남을 많이 억압한 자는 모두 말로가 좋지 않다."
多陵者人皆不在

"덕을 쌓아야 자손에 인물이 난다."
積德百年이면 王侯將相

"남을 사랑하는 자는 반드시 사랑을 받게 되고, 남을 미워하는 자는 반드시 미움을 받게 된다."
愛人者必見愛也, 而惡人者必見惡也.

세상의 모두 것에는 원칙이 있다는 것을 알려준 구절들이다. 인륜도 그러하고 천륜도 그러하다. 인간의 탐욕이 자연을 파괴하니, 자연이 인간에게 파괴를 돌려주는 것도 그러한 이치일 것이다.

2

아버님은 친구 사귐에 대하여도 말씀하셨다.

"만 냥의 황금은 구하기 쉬워도 마음이 통하는 진정한 벗은 얻기 어렵다."
萬兩黃金容易得, 知心一個也難求

"술이나 음식을 함께 할 때는 형이니 동생이니 하는 친구가 많으나, 급하고 어려운 일을 당하였을 때 도와 줄 친구는 하나도 없다."
酒食兄弟千個有로되, 急難之朋一個無니라.

"길이 멀어야 말의 힘을 알 수 있고, 날이 오래 지나야만 사람의 마음을 알 수 있다."
路遙에 知馬力이요, 日久에 見人心이라.

"물이 지극히 맑으면 고기가 없고, 사람이 지극히 따지면 친구가 없다."
水至淸즉無魚하고, 人至察즉無徒니라.

이 명심보감 구절을 읽어주시면서 해주신 이야기도 기억난다.

어떤 사람이 아들이 하나 있었는데, 매일 여러 친

구와 어울려 술 마시기를 즐기더라는 것이다. 이에 그 아버지가 아들에게 네가 어려운 일을 당할 때 너를 도와줄 친구가 몇 명이 있는지를 알아보자고 하시며 한 가지를 제안하였는데, 집에서 키우던 돼지를 잡아 멍석에 둘둘 말아 지게에 짊어 지게하고, 아들의 친구 집을 돌아다니며 아들에게 말하게 하기를 "내가 어떤 사람과 다투다가 실수로 그 사람을 죽여 이렇게 지게에 지고 왔으니, 나를 좀 도와줄 수 있겠는가?"라고 말하게 하였다는 것이었다.

    이에 아들이 아버지의 제안을 따라, 제일 친하다고 생각되는 친구 집부터 돌아가며 이렇게 말하니, 아무도 도와주지 않고 다 매정하게 문을 닫고 들어가더라는 것이었다. 이에 아버지가 자신의 친구를 찾아가 사연을 이야기하고 도와 달라는 부탁을 하니, 그 친구가 아버지를 불러들이며 어쩌다 이런 일을 당하였느냐고 걱정을 하면서 나와 함께 뒷산에 가 이 사람을 땅에 묻자는 것이었다. 이에 그 아버지가 친구에게 사실을 이실직고以實直告하고 아들의 교육을 위하여 한 연극이니 이 고기를 요리하여 먹자고 하여 친구 집에서 잔치하였다는 것이었다.

3

또한, 아버님은 명심보감의 효도 편을 가르쳐 주시면서 내게 효도에 대한 옛날이야기도 들려주셨다.

효자로 소문난 아들이 자기 어머니가 병들어 있는데 어떤 약을 써도 낫지를 않아 걱정하고 있는 와중에 어머니가 감이 먹고 싶다고 말씀을 하셨다. 그때가 한겨울이어서 감을 구할 수가 없었지만, 어머니가 잡숫고 싶다고 하니 앙상한 가지만 남은 감나무 밑에 가서 혹시나 감이 있는가 서성거리고 있었다. 그런데 갑자기 호랑이 한 마리가 나타나 그 사람 앞에 넙죽 엎드리기에, 마치 등에 올라타라는 것 같아 그 사람이 호랑이 등에 올라타니, 호랑이가 쏜살같이 달려가 어느 산비탈 밑에 불이 환하게 켜있는 초가집 앞에 이르러 내리라는 듯 다시 넙죽 엎드렸다.

그 사람이 내려 그 집으로 들어가 자기가 이곳에 오게 된 연유를 이야기하니, 그 집 주인이 자기 아버님의 제삿날인데, 아버님도 평소에 감을 좋아하셨기에 집의 감나무에서 감을 따서 땅속에 저장하였다가 제사상에 올린다는 것이었다. 많이 묻어도 대부분이 썩어서 겨우 제사상에 올린 정도만 남는데 올해는 꽤 여러 개가 남았으니, 이것이 당신 어머니를 살리려는 하늘의 뜻이라며 감을 한 보자기 싸 주었다.

이것을 받아 든 이 사람은 한밤중이고 낯선 곳이라 길도 알 수 없었지만, 어머니에게 한시라도 빨리 감을 잡숫게 하려고 집주인의 만류를 무릅쓰고 밖으로 나왔다. 그런데 자기를 그곳에 데려온 호랑이가 가지 않고 아직도 그 자리에 엎드려 자기를 타라고 하는 것 같아, 다시 올라타니 순식간에 다시 자기 집 앞에 도달하여 내려 주었다. 그래서 그 사람이 그 감을 어머니에게 잡숫게 하니 신기하게도 어머님의 병이 나아 건강하게 오래 사셨다는 이야기였다.

나는 할머니가 돌아가신 후 태어났기에 할머니를 보지 못하였지만, 어머님의 말씀에 의하면 할머니가 오랫동안 병환에 시달리셨는데, 아버님은 그때 당시 귀하다는 귤을 서울 가실 때마다 사와 할머님께 드렸다더구나. 나는 아버님처럼 효자 노릇을 못한 것 같아 송구한 생각이 든다.

아버님 생각하며 명심보감의 효도 편 몇 구절을 적으며 글을 마친다.

"부모가 살아계시면 멀리 놀지 않으며 노는 곳에 반드시 방향이 있다."(父母在시어든 不遠遊하며, 遊必有方이라.), "나갈 때는 가는 곳을 고하고 돌아와서는 얼굴을 대하라."(出必告하고 反必面하라.)

"아내와 자식을 사랑하는 마음으로 어버이를 섬긴다면 그 효도를 극진히 할 수 있을 것이오? 남을 책망하는 마음으로 자기를 책망한다면 허물이 적을 것이고, 자기를 용서하는 마음으로 남을 용서한다면 사귐을 온전히 할 수 있을 것이다."(以愛妻子之心으로 事親즉 曲盡其孝요, 以責人之心으로 責己즉 寡過요, 以恕己心으로 恕人 卽全交니라.)

"우리의 몸(몸과 피부와 머리카락)은 모두 부모로부터 받은 것이니 감히 이것을 손상시키지 않는 것이 효도의 시작이다."(身體髮膚, 受之父母, 不敢毁傷, 孝之始也).

안녕!

29 선생님으로서의
나의 누님

나에게 누님은 든든한 후원자이면서 훌륭한 선생님이기도 하셨다. 열일곱 살이나 차이가 나는 남동생을 많이 사랑하셨던 누님은 내가 초등학교에 들어가기 전까지, 근무하던 읍내 초등학교 부근의 자취방에 나를 한참씩 데리고 계실 때가 많았다. 겨울 방학이 다가올 무렵 누님은 나를 학교까지 데리고 가서 교실 뒷자리에 앉게 하시고 수업을 하셨다. 학교에 입학하기 전 미리 공부를 좀 해 보라고 뜻이었는지는 모르겠지만 수업 내용이 어려워 알아들을 수 없었다. 그 뒤로는 누님은 나를 학교에 데려가지 않으셨다.

　　본격적으로 누님에게 배우게 된 것은 6·25 사변 후

수복지에 돌아온 후였다. 정부는 전세戰勢가 아직 유동적이라고 집에서 20리 떨어진 읍내까지만 피난민을 들어오게 하여, 임시로 읍내에 머물며 상황이 호전되기를 기다리고 있던 때였다. 누님은 전에 근무하시던 초등학교에 복직하셨고, 나도 학교에 다니라고 하여 편입을 하게 되었는데, 3학년으로 편입하라는 것이었다.

6.25사변이 일어나던 때 2학년이던 내게, 3학년으로 들어가라는 누님의 말씀에 당황하며 누님에게 그 이유를 물으니 지금 당장은 모르겠지만 1년은 인생에 큰 차이를 가져올 수 있는 일이니 조금 벅차더라도 그렇게 해 보라는 것이었다.

아침저녁 누님과 함께 학교까지 걸어서 30분 걸리는 통학 길은 즐겁기만 하였다. 누님은 학교를 오가는 길에서도 학교에서 배울 것들을 가르쳐 주셨는데, 누님의 가르침은 재미가 있어 귀에 쏙쏙 들어왔다.

누님은 자신이 선생님이니 남들 눈도 있으니까 내게 공부를 열심히 해야 한다고 말씀하셨는데, 문제는 산수였다. 피난 시절 초등학교에서 두어 달 배운 구구단은 5단까지만 알고 있었는데, 6단부터는 외울 수가 없었다. 다른 아이들은 대부분이 사변 전에 자기가 다니던 학년이나 그 아랫반에 복학하여 모두 구구단을 술술 잘도 외우고 있는 것이었다.

내가 누님에게 이것을 말씀드리니 누님은 빳빳한 종이에 구구단을 적어 주시고 부지런히 외우라고 하셨다. 6단부터 9단까지 하나에 아홉 개씩 36개의 구구단을 외워야 했으므로 다른 아이들이 여러 날 걸려 외운 것을 단숨에 외워야만 다른 아이들을 따라갈 수 있었다.

나는 이것을 어떻게 빨리 외우는 방법이 없을까 한참 동안 구구단을 적은 종이를 들여다보고 있다가 재미있는 사실 하나를 알아내었다. $6 \times 2 = 12$이지만, 2×6도 12이니 앞뒤만 바꾸어 주면 그 값을 알 수가 있고, 이런 것들은 $6 \times 3 = 18$, $6 \times 4 = 24$ 등 6단에 4개, 7단에 5개 등등 상당히 많아, 36개의 구구단 중 실제로 외워야 하는 것은 10개면 된다는 것이었다. 이것들을 외우는 것은 하루면 충분하였다. 이제 산수는 아무 문제가 되지 않았고, 오히려 공식 외에는 외워야 하는 것이 별로 없고 자세히 들여다보면 답이 찾아지는 산수가 제일 재미있는 과목이 되었다.

4학년에 진급하게 되니 전세가 안정되어 고향에 돌아갈 수 있게 되어 고향의 초등학교로 전학을 하였다. 내가 들어간 학급의 산수 진도는 그 전 학교보다 무척 앞서 있어 내가 배우지도 않은 두세 자리 나눗셈을 계산하는 문제를 풀고 있었다. 배우고 난 후에는 대수롭지 않은 문제였지만, 쉬운 문제부터 찬찬히 단수를 높여 가며 익혀야 할 일을 단숨에 배운다는 것이 퍽 힘든 일이었다. 그것도 서너 자리 숫자에 소수점 이하 서너 자리까지 달린 문제의 답을 구하는 문제를 풀고 있었으니, 이런 종류의 문제를 처음 대한 내게는 여간 어리둥절하게 하는 게 아니었다.

그런데도 다른 아이들은 계산을 잘도 하고 빠르게도 하여, 선생님이 문제를 칠판에 적으면 너도나도 답을 하겠다고 손을 들었다. 내 옆자리에 앉은 학생에게 어떻게 하는 것이냐고 물으니 자기도 모르겠다는 것이었다. 남들은 다 아는 것을 선생님에게 묻기도 창피하여 가만히 있었다. 그러다가 수업 시간마다 계속 문제를 내시는데 나만 가만히 앉아 있는 것도 창피하여 손을 드는 여러 학생 중에 설마 나를 지목하지는 않겠지, 하는 마음으로 나도 손을 번쩍 들었다. 그런데 선생님이 나를 지목하신 것이다. 나는 어차피 답을 모르고 손을 들었고 틀리는 학생들도 가끔 있으니, 시키시면 아무 답이나 대려는 속셈이 있었기에 적당히 답을 대니, 당연하게 선생님은 틀렸다고 하셨다.

　　나는 그날 선생님이 칠판에 적으신 문제와 답을 적어 집으로 돌아왔다. 누님에게 문제 풀이 방법을 물어볼까도 생각했지만, 괜히 월반하라고 권했던 누님에게 걱정을 드리는 것 같아 혼자 해결해 보기로 했다. 그래서 배우고 있는 나눗셈하는 방법을 기필코 알아내고 말겠다는 각오로 어떻게 하면 그 답이 나오겠는가를 거꾸로 추리해 나갔다. 의외로 큰 어려움 없이 계산 방법을 알아내게 되었고, 스스로 문제를 내고 답을 구한 후 그 답을 다시 곱하여 원래의 숫자가 되는가를 확인하여 여러 자리의 나눗셈법을 할 수가 있었다. 그 뒤로는 어떤 과목이든지 어렵지 않게 공부할 수 있었다.

　　이후로 누님은 직접 나를 가르치시지는 않으셨어도, 명절 때나 아버님의 생신날에 집에 오실 때마다 내가 읽을만한 책들을 가지고 오셨다. 지금이야 책이 흔해, 마음만 먹으면 어떤 책이든 구해서 읽을 수 있지만, 그때는 교과서 외의 책들을 보기가 어려웠다. 누님은 가져다준 책들은 말 그대로 내게는 마음의 양식이 되었고, 훌륭한 선생이 되어 주었다. 누님이 가져다준 책 중에 기억에 남는 것들은 소공녀, 소공자, 만화 삼국지, 링컨 (Abraham Lincoln) 전기 등이었다.

그중에서도 제일 기억에 남는 것은 링컨의 전기였다. 내가 이렇게 나이가 든 지금까지도 그때 읽은 내용을 생생히 기억하고 그때 본 그림들이 아직도 눈에 선한 것은 그 내용이 내게 감명이 깊었고 알게 모르게 내게 많은 영향을 끼쳐왔기 때문이라는 생각이 든다.

중학교 3년 동안 누님과 함께 누님의 자취방에서 누님이 손수 지어 주시는 밥을 먹고 손수 싸 주시는 도시락을 가지고 학교에 다니던 동안에는, 누님은 간혹 진로에 물어보신 것 말고는 의외로 학업에 대해 별다른 말씀은 하지 않으셨다. 그때는 내가 과학자가 되는 것이 꿈이었는데, 아마 누님이 가져다준 학원이라는 잡지에서 과학자들의 위대한 발명과 발견에 대한 글들이 많이 읽어서 그런 꿈을 가지고 있었던 것 같다.

직접 가르쳐 주시기도 했지만, 책들이 귀한 시절에 누님은 내게 많은 책을 읽게 해주신 것만으로도 크나큰 스승이라 할 것이다.

이만 안녕!

누님은 학교를 오가는 길에서도 학교에서 배울 것들을 가르쳐 주셨는데,
누님의 가르침은 재미가 있어 귀에 쏙쏙 들어왔다.

30 잊지 못할 은사님

"뜻이 있는 곳에 길이 있다는 말이 있지? 지금 내가 구체적으로 무슨 말을 해 줄 수는 없지만 나는 그 말을 믿는다. 나도 아무런 경제적 대책 없이 동경 유학을 나섰지만, 열심히 일하여 학교를 졸업할 수 있었다." 평소 내가 존경하던 고등학교 때 선생님을 찾아가 대학 진학을 상담할 때, 선생님이 내게 자신의 구체적 경험담과 함께 들려주신 말씀이었는데, 마치 내 가슴에 화살이 꽂히듯 와 닿으며 내게 용기를 주었다. 나는 이 말씀 하나에 마치 모든 것이 준비된 사람처럼 대학 등록을 하였다. 가정 형편이 좋지가 않아 대학을 갈지 아니면 시골에 계속 남을지 고민하는 중이었는데, 그 말씀 하나에 나는 아무런 갈등 없이 그와 같은 결정을 내린 것이다.

나는 대학에 들어가자마자 닥치는 대로 강의실 청소, 강당 청소 등 가리지 않고 일을 하며 공부를 하였다. 등록금 때문에 다음 학기에 등록이 보장된 적이 한 번도 없었지만, 등록할 때가 되면 어떻게든 등록을 하게 되어 대학을 졸업할 수 있었고, 그 이후로도 이 말씀이 내 삶을 꾸준히 이끌어 가고 있었음을 지금도 확인하게 된다.

내 진로에 용기를 주신 선생님은 내가 재학 중인 대학으로 전보되어 학적 주임으로 근무하시며, 자연과학 개론과 천문학을 강의하셨는데, 그분의 강의는 교과서 내용에 더하여 자연과 우주의 신비 및 신기한 과학적 발견들, 앞으로의 과학 발전 전망 등 늘 흥미진진한 주제를 다루어서 학생들에게 인기가 많았다. 선생님은 우리 1학년 Freshman Class의 Home-Room 지도 교수로도 잠시 우리와 함께하셨는데, 성경공부 하는 시간에 잊을 수 없는 명강의를 하셨다. 그때 들은 강의는 대학 4년 동안 들은 수많은 강의 중에서 내가 유일하게 지금까지도 명확하게 기억하고 있다. 아마 과학 논문과 같이 간단명료하면서도 감동이 컸기 때문이 아닌가 생각이 된다. 그 내용은 대략 다음과 같았다.

선생님은 신약 성경 고린도전서 12장을 펴게 하신

후 31절을 읽으셨는데, 그 내용은 "너희는 더욱 큰 은사를 사모하라. 내가 또한 제일 좋은 길을 너희에게 보이리라."는 것이었고, 이어서 하신 말씀은 " 여러분은 인류와 교회에 대한 봉사를 위하여 이 자리에 오신 것입니다. 봉사자로서 우리가 그 직분보다 더 사모해야 할 일이 있다는 것을 이 말씀은 말하고 있는 것입니다." 하시며, 과학 논문에 각주를 달듯 "우리가 사모해야 할 더욱 큰 은사"와 "제일 좋은 길"이 무엇인지를 구체적인 상황을 연결하여 말씀하셨다. 그리고 성경 구절 하나만을 소개하시고 간단히 말씀을 마치셨는데, 그것은 앞의 인용절에 이어지는 신약 성경 고린도전서 13장이었다. 그 내용은 너무도 유명하여 너희도 아마 알고 있을 것이다.

"내가 사람의 방언과 천사의 말을 할지라도 사랑이 없으면 소리 나는 구리와 울리는 꽹과리가 되고, … 내가 내게 있는 모든 것으로 구제하고 또 내 몸을 불사르게 내어 줄지라도 사랑이 없으면 내게 아무 유익이 없느니라."

도움이 필요한 사람들에게 사랑으로 하는 봉사만이, 세상 사람들이 사모하여야 할 가장 가치 있는 일임을 말씀하고 계신 것이었다. 이는 모든 종교가 항상 실천을 염두 해야 할 것인바, 이런 정신을 떠나 교리 논쟁에 열을 올린다면, 이는 마치 암세포가 무한정 복제만을 반복하여, 한 생명의 파괴를 가져오는 것과 다름이 없을 것이다.

만일 모든 종교가 이 숭고한 사랑의 정신을 가지고 실천에 몰두한다면, 그들 사이의 교리의 차이가 아무것도 아님을 알게 될 것이고, 종교적 신념의 차이로 일어나는 전쟁이나 테러도 피할 수 있을 것이며, 이 세상은 더욱 살기 좋은 곳으로 변하지 않겠느냐?

사랑은 영원한 가치를 지니고 있지만, 다른 것들(예언, 방언, 지식)은 시간이 지남에 따라 변화하거나 사라질 수 있음을 인식하는 것이 중요하다는 "사랑은 언제나 떨어지지 아니하나 예언도 폐하고 지식도 폐하리라."란 말씀의 뜻이 바로 이런 것임을 선생님은 간파하신 것이다. 이것이야말로 성경 전체의 가르침의 핵심이요, 모든 종교가 추구하여야 할 이상이니, 이는 긴말이 필요 없는 것이므로 아주 짧게 말씀하셨을 것이다.

1학년 2학기가 되자 선생님은 나를 사무실로 부르시어 학교 청소일을 하여 학비에 보태는 것이 어떻겠냐며 아르바이트를 제안하셨는데, 나는 청소를 하게 되면서 선생님의 모습을 자주 보게 되었다.

선생님은 사무실에서 업무에 열중하셨고 틈이 나면 과학 잡지를 일본에 주문하여 읽으셨으며, 일과 관련된 지시사항이나 꼭 필요한 말 이외에는 말씀이 없으셨다. 한여름에도 선풍기를 틀지 않으셨고, 한겨울에도 난로를 피우지 않으셔서 사무실은 겨우내 추웠다. 그렇다고 옷을 두껍게 끼어 입지도 않으셨고 마치 도를 닦는 사람처럼 꼿꼿이 책상 앞에 앉아 계셨는데, 학교에서 설치해 놓은 연탄난로에 연탄도 넣지 않아 늘 몸에 힘을 주고 추위를 참아야 했다.

선생님은 늘 과묵하신 편이었지만 그런 선생님을 좋아하시는 교수님들도 꽤 있었다. 헬라어를 가르치시던 교수님이 계셨는데, 자주 들리시어 소위 말하는 '뒷담화'를 한참씩 늘어놓으시면, 묵묵히 듣고 계시던 선생님은 다 들어 주고 나신 후에, "쓸데없는 소리!"라고 하시며 더 이상 말씀을 안 하셨는데, 그 교수님은 "선생님은 늘 그 말씀 밖에 하실 줄 모르시지 뭐!" 하시며 웃고 나가시곤 하였다.

헬라어를 가르치시는 교수님은 듣는 답이 뻔했지

만, 미주알고주알 말을 하더라도 그 이야기가 밖으로 새 나가지 않을 것이라는 믿음에서 선생님을 누군가를 욕 하고 싶을 때 매번 찾는 것이었다.

　선생님은 내게 영문 번역도 맡기셨는데, 나의 일 을 하면서 틈나는 대로 하라고 하셨다. 내용은 영문으로 된 성경 주석 중 성경과 과학에 관한 백여 페이지 정도 의 과학 논문이었는데, 성경의 역사적 내용을 지질학과 고고학적 발견들을 통해 설명해 보고자 하는 시도였다. 나는 내가 번역한 내용을 잘 정서하여 일주일에 한 번씩 선생님께 보여 드려야 했는데, 선생님은 내 첫 번째 번 역을 보시고 "이렇게 번역을 해 놓으면 어떻게 그 내용 을 어떻게 알 수 있느냐? 무슨 말인지 하나도 모르겠다. 다시 한번 읽어 보라."라고 하시며 화를 내셨다.

　나는 내가 번역한 것을 다시 읽으며 무엇이 문제인 지를 생각해보았다. 영어는 한국어와 문법적으로나 문 장 구조적으로 다른데, 번역할 때 올바른 문장 구조와 문법을 사용하여 자연스럽게 번역을 해야 하는데 그렇 게 하지 못해 문장이 길어져서 내가 읽어도 잘 읽히지 않았다. 그리고 문화적으로도 차이가 있어 그러한 요소를 고려하여 번역했어야 했는데 그런 것이 부족해 어색한 문장이 많았다.

　　고민의 결과를 녹여 내서 문제가 되었던 부분을 다시 번역하여 선생님에게 가져가니, 많이 좋아졌다고 칭찬을 해 주셨다. 선생님은 번역에는 일가견이 있으셔서 직접 번역해도 되었지만, 영어 공부도 하고 용돈도 벌라는 의도로 내게 일부러 맡기신 것이었다. 내가 번역에 어느 정도 실력을 갖추게 되자 선생님은 실제로 영문 번역하는 일거리를 내게 소개를 해주시기도 했다.

　　내가 사무실에서 맡은 중요한 임무 중의 하나는 학교에 오는 공문서를 처리하는 일이었는데, 공문서들 대부분은 문교부에서 오는 것들이었다. 교육행정에 관련된 문교부의 지시에 대한 이행사항의 보고와 학교 내 각 부처에 관련된 보고나 통계를 취합하여 최종 보고서를 작성하여, 선생님의 결재를 받은 후 기한 내에 문교부에 발송하는 것이 내 책임이었다. 나는 공문 처리에 실수하지 않기 위해, 하루에도 몇 건씩 오는 공문들의 제목을 날짜별로 노트에 기재하여 그 처리 여부를 메모해 가며 완전히 처리된 공문 제목은 줄을 그어 삭제하였다.

하루는 수업을 마치고 사무실에 가니 선생님께서 내게 호통을 치시며, "너는 어떻게 공문을 처리하기에 내가 두 번이나 문교부의 문책 전화를 받게 하느냐?"고 힐문하셨다. 보통 보고가 늦으면 1차 독촉 공문이 오고, 또 늦으면 2차 독촉장이 오는 것이 관례였는데, 왜 이렇게 선생님께 문책 전화를 하였는지 이해가 가지 않았다. 그리고 내가 그리도 꼼꼼하게 처리하던 공문이 어떻게 나의 주의를 벗어났는지 알 수 없었다. 내가 선생님이 내미시는 미처리 공문을 받아, 내 노트에서 그 제목을 찾아보니, 뜻밖에 몇 페이지 앞에 그 공문 제목에 줄이 그어져 있지 않은 채 발견되었다. 아마도 보고 기한이 멀리 있었고, 그사이에 많은 공문이 접수되어 등록되다 보니, 그 공문 제목이 줄이 그어진 것들 속에 숨겨져 내 눈을 벗어난 게 아닌가 생각이 되었다.

나는 부랴부랴 보고서를 작성한 후, 옆방 타자수에게 공문서 표지타이핑을 해달라고 부탁하러 갔다. 나는 문책을 받은 게 무안하여 타자수에게 혼잣말로 구시렁구시렁 중얼거렸는데, 방문이 열려있었으니 선생님이 내가 중얼거리는 소리를 들으셨을 수도 있겠다 싶었다. 최대한 주의를 기울여 실수하지 않으려고 노력했으나 이 지경이 되어 선생님께 면목이 없었다. 그래서 이 공문 발송을 끝으로 일을 그만두겠다고 생각하고 있었다.

　　내가 그 공문서에 학교 인감을 받으려 선생님 앞으로 가져가니, 선생님은 인감 찍을 생각도 안 하시고 한참을 아무 말씀도 하지 않으시더니, 나와 동갑인 아들을 북한에 두고 월남하셨다는 이야기를 불쑥 꺼낸 것이다. 선생님에게 초등학교에 재학 중인 3남매가 있다는 것은 알고 있었지만 뜻밖에 말씀에 나는 선생님을 멍하니 쳐다 보고 서 있었다. 선생님은 이어서 말씀하시기를 그 아이가 어떻게 되었는지 궁금하여, 생사라도 알고 싶어 사방으로 수소문을 하였어도 지금까지 소식을 알 수가 없었는데, 얼마 전 재일 교포를 통해 그 아이가 아직 살아있고 지금은 북한의 어느 의과대학에 재학 중이라는 것을 알게 되었다고 하셨다. 그 아이에게 이곳 소식을 전하고 싶어도 그 아이에게 무슨 피해가 갈지 몰라 다만 마음으로 그 아이가 잘 살기만을 빌고 있을 뿐이라고 하시며 말씀을 잊지 못하시고 눈물을 글썽이고 계셨다.

　　선생님 사무실 일을 그만둘 생각을 하니 그동안 선생님이 내게 베푸신 일들이 하나하나 생각이 났다. 내가 가지고 있던 영한포켓 사전이 너무 부실하여 중고 영한사전을 하나 사려고, 선생님의 한 달 용돈 500원을 빌렸었는데 극구 받지 않으시고 내게 돌려주시던 일이며, 내가 주말에 자취할 쌀을 가지러 집에 다녀오겠다고 말씀드렸을 때, "우리 집에 가서 쌀을 가져다 먹고 일을 해라." 하시던 일이며, 방학 때면 내게 자신의 초등학생 딸의 가정교사를 맡기신 일 등이 생각난 것이다. 그래서 선생님이 나를 내쫓지 않으시는 한 그만두지 않겠다고 다짐하고 일을 계속하게 되었다.

선생님은 방송실을 직접 맡아 관리하시며 예배 시간 30분 전에는 어김없이 음악을 내보내셨는데, 늘 바이올린으로 연주되는 슈펠트의 아베 마리아를 제일 먼저 방송하셨다. 그 연주는 참으로 애절하였는데, 내가 선생님의 사연을 알고 난 후에는 그 곡조가 바로 선생님의 애절한 기도였다는 것을 알 수가 있었다. 선생님은 북에 두고 온 아들을 위하여 간절한 마음으로 기도하셨을 것이다.

선생님은 한쪽 다리가 불편하시어 걸으실 때는 조금씩 절뚝이며 걸으셨는데, 내가 3학년이 되었을 때는 증세가 악화가 되어 매우 고통스러워하셨다. 그때 당시에 의료 장비를 제일 잘 갖추었던 국립 의료원에 가시어 진찰을 받으셨는데 골반에 있는 뼈와 다리뼈가 연결되는 볼과 소켓같이 생긴 부분의 안쪽 볼이 점점 커져서 소켓에 꽉 차게 되므로 마찰이 심하여 통증을 느끼시게 된 것인데, 이를 수술로 고쳐야 하지만 국내에서는 수술할 기술이 없어 미국에 가야 고칠 수가 있다는 말을 듣고 오신 것이었다. 이곳에서 교편을 잡으시기 전 빈손으로 월남하시어 어렵던 시절, 부산항에서 막일을 한동안 하신 일이 있었는데, 그때 무거운 원목들을 어깨에 메어 나르는 일을 많이 해서 그때 고관절에 무리가 가지 않았나 생각된다고 하셨다.

    선생님은 미국까지 가서 치료를 받을만한 경제적 여유가 없어 치료를 포기하고 계셨는데, 미국에 이민 간 선생님의 제자들이 이 소식을 듣고 선생님의 치료비를 모금한 후 선생님에게 초청장을 보내 선생님은 미국에서 수술을 받을 수 있었다. 선생님은 미국을 가기 위해 준비하는 와중에도 미국대학들의 안내서(Bulletin)를 구하여 보시며, 치료차 도미하시게 되면 공부를 더 하고자 하는 뜻을 내비치셨다. 그때 선생님의 연세를 정확히는 알 수 없어도 여러 가지 정황으로 보아 50은 족히 넘으셨을 터인데도, 선생님의 끝없는 향학열은 후일 내가 늦

깎이로 의학 공부를 할 수 있게 해준 본보기가 되지 않았나 생각해본다.

　3학년도 거의 끝나 가는 겨울 어느 날 선생님은 가족들을 한국에 잠시 남겨두고 치료차 미국으로 떠나셨는데, 후에 가족들을 초청하여 가족 전체가 미국으로 간 것이다. 선생님은 한국을 떠나시기 전에, 새로 부임한 학감 선생님께 나를 소개하시며, "내 밑에서 잘 훈련을 받아 교무행정은 모르는 것이 없으니, 이 사람에게 웬만한 일은 다 맡기셔도 된다."고 하시며 나를 추천해 주시어, 내가 계속 일을 할 수 있도록 해주셨다. 내가 만난 선생님은 많았지만, 나를 3년 가까이 데리고 계시면서, 나를 가르치시고 사랑하셨던 그 선생님을 생각하면 지금도 감사함으로 눈시울이 젖어오는 것을 금할 수가 없다.
　내 목숨이 붙어 있는 한, 한시라도 잊을 수 없는 그리운 선생님! 그분의 존함은 김병택 선생님이었다.

내가 너희에게 보낸 편지들을 미국에 사는 내 친구에게도 E-mail로 보내고 있었는데, 그 친구의 여동생이 마침 그 선생님의 둘째 아들과 초등학교 동기라 그 아드님의 E-mail 주소를 내 친구가 알게 되었고, 이 편지 내용을 그 아드님에게 보냈다고 하는구나. 며칠 후 이 글을 읽은 아드님이 내게 전화를 하였는데, 내가 선생님의 안부를 물으니 선생님은 10여 년 전 이미 돌아가셨다고 하더구나. 내가 선생님의 사무실에서 일하던 때 그 아드님은 초등학생이었고, 선생님의 퇴근 시간이면 사무실에 와 선생님 손을 잡고 함께 사택으로 가곤 하였는데, 그 당시의 내 모습을 잘도 기억하고 있더구나. 그 아드님은 선생님이 살아 계시는 동안 내 이야기를 자주 하셨는데, 나를 미국에 데려와 더 공부를 시켰으면 좋겠다고 말씀도 하셨다고 하더구나. 10여 년 전 친구 초청으로 미국에 갔을 때 선생님의 거처를 몰라 선생님을 찾아뵐 엄두를 내지 못하고 그냥 돌아왔는데, 내 친구에게 선생님에 대한 것을 얘기했다면 선생님이 돌아가시기 전에 만나 뵐 수 있었을 것이다. 이제는 너무나 늦어 버렸으니 가슴을 치며 후회해도 돌이킬 수 없게 되었구나.

안녕!

31 풍수지탄
風樹之歎

얼마 전 나보다 몇 살 위이지만 친구로 지내는 영수와 이야기하다가 내가 기억하지 못하는 어린 시절 에피소드를 듣게 되었다. 내용인즉 아버님이 어린 나를 데리고 다니시기를 좋아하셔서 지게에 소쿠리(대나무를 엮어 만든 위가 트이고 테가 둥근 그릇)를 얹고, 그 안에 나를 태우고 다니셨다는데, 유모차가 없던 시절 아버님이 고안하신 기발한 유모차였던 것이었다. 이 모습을 본 그 친구 어머니가 아기를 어떻게 지게에 지고 다니시느냐고 하니, 아버님은 걷지도 못하는 아이를 데리고 다니려고 생각해 낸 고육지책이라고 말씀하셨다고 그 친구가 기억을 더듬었다. 이렇듯 아버님은 어린 나를 어디를 가든 데리고 다니셨다는데, 영수는 내가 부러웠다고 그때 당시를 회상하며 나에게 그 동네에서 가장 귀하게 자란 아이였다고 하더구나.

아버님은 해마다 가을이면 우리 산에 있는 밤나무에서 딴 밤을 흙 속에 묻어 둔 독에 저장하여 겨우내 식구들이 먹을 수 있게 하셨다. 추운 겨울에도 얼지는 않으면서 마르지도 않게 밤을 오래 저장하시는 방법이었다. 아침마다 아버님은 가게에 딸린 방에 불을 때면서 밤을 몇 개씩 꺼내 불에 구우셨는데, 밤이 거의 익어 가면 아침잠이 많은 나를 깨우곤 하셨다. 내가 눈을 비비며 일어나 아궁이 있는 곳으로 내려가면 거기에는 두 사람이 앉을 만한 공간이 있었다. 아궁이에는 장작이 타고 있어 방안처럼 따뜻하였다. 아버님은 나를 당신 옆에 앉히시고 밤이 구워지는 대로 껍데기를 까서 입으로 후 후 불어 식히신 후 내게 주셨는데, 그때 아버님께서 까주신 노랗게 구워진 달콤한 밤 맛을 지금도 잊을 수가 없구나.

6·25사변 중 대전에 피난 가 있던 시절이었다. 피난 가서 얼마 지나지 않은 어느 날 아침에 일어났는데, 머리가 불덩이처럼 뜨거웠다. 힘이 없어 걷기도 힘들

고 식욕도 없어졌고 가끔 구토까지 하게 되었다. 이러한 고열 증상이 며칠이 지나도 호전되지 않자 어찌할지 몰라 전전긍긍戰戰兢兢하시던 어머님은 피란 중이라 궁핍한 상황에서도 나를 동네 병원에 데리고 가셨다. 의사는 나를 한참 동안 진찰하신 후 잠시 심각한 표정을 짓더니 나를 진찰실에 그냥 놔두고 어머님만 데리고 옆방으로 가셨다.

  어머님은 아무 약도 짓지 않으시고 그냥 나를 데리고 집으로 다시 오셨다. 약을 쓸 수 없을 정도의 불치병이어서 고칠 수 없다는 말을 듣고 그냥 집으로 오실 수밖에 없으셔서는 아닐까 하는 두려운 생각이 내게 들었다.

  어머니는 집에 오시자마자 나를 잠자는 자리에 눕혔다. 나는 의사가 어머니께 무슨 말을 하였는지 궁금하였지만 묻지를 않았다. 피난 중인 상황에서 설령 내가 불치의 병에 걸렸더라도 어머니가 내게 해 줄 수 있는 것이 없을 것이고, 괜히 어머니 가슴만 아프게 해드리는 것 같아 참았다.

  어머님은 한참을 가만히 계시다가, 나에게 뭐라도 잘 먹어야 낫는다고 하시며 죽을 만들어 오셨다. 하얀 쌀로 만든 죽이었다. 피난 중에 어디 가서 귀한 쌀을 구해 오셨는지 모르겠지만 김이 모락모락 나는 새하얀 죽을 보니까, 며칠 동안 사라졌던 식욕이 다시 돌아왔다. 어머니는 내게 죽을 떠먹이신 후, 빨간 물방울무늬가 예쁘게 그려진 유리컵을 내게 주셨는데, 컵에는 뚜껑까지 있어 그때까지 한 번도 보지 못한 멋진 물건이었다. 어머님은 장난감도 없이 누워만 있는 내게 장난감은 아니지만, 누워만 있으면 심심할 것이므로 그것이라도 가지고 놀기를 바라고 주신 것 같았다.

나는 그 컵이 너무 좋아 누워있는 동안 내내 잠든 시간 외에는 늘 손에 그 컵을 쥐고 있었다. 내 병을 빨리 낫게 해주는 부적이라도 되는 것 마냥, 밥 먹을 때 빼놓고는 그것을 쥐고 있었다. 어머니는 내가 잠들 때까지 내 곁을 지키고 계셨고, 내가 잠자고 일어나도 항상 어머니는 내 곁에 계시었다. 잠도 잘 주무시지 못하셨을 그때를 생각하면 지금도 내 가슴이 아려오는구나.

어머니의 지극정성이 하늘에 닿은 것이지 좀처럼 나을 것 같지 않던 나의 병은 하루하루 호전되어 밖에 나가 마음껏 뛰어놀 수 있게 되었다.

부모는 그대에게 삶을 주고도 이제 당신의 삶까지 주려고 한다.

이런 말 들어 본 적이 있는지 모르겠구나? 척 팔라닉이라는 작가가 한 말이라더구나. 이 말처럼 아버님 어머님은 내게 많은 것을 주셨다. 당연한 말이겠지만 두 분이 내게 베푼 사랑은 내 모든 것을 드린다 해도 갚을 수는 없을 것이다.

　　내가 중학생이 되었을 때, 누님이 자취하는 집에서 누님과 같이 지낸 적이 있다. 누님 방에는 미군들이 쓰던 야전 침대가 하나가 있었는데, 누님은 방바닥에 요를 깔고 주무시고 나는 침대 위에서 잠을 잤다. 그 침대 밑에는 누님이 보시던 책들과 잡지들이 가득 쌓여 있었는데, 방과 후 집에 오면 누님이 학교에서 퇴근하시기 전까지 침대보를 걷어 올리고 그 책들을 뒤적이며 읽어 보는 것이 나의 일과였다. 수많은 책 중에서 내 흥미를 끈 것이 여러 개 있었지만, 특히 내게 감동을 주는 것은 시조집이었는데, 옛 선인늘이 지은 시조가 좋아 나는 이것들을 외우게 되었다. 물론 시조라 외우기도 쉬웠다. 그때 내가 외운 시조 중에서 지금도 기억나는 시조가 있다.

어버이 살아실 제 섬기기를 다하여라

지나간 후면 애닯다 어이하리

평생에 고쳐 못할 일은 이뿐인가 하노라

- 정철 -

　이 시조를 외우면서 나도 후회 없는 효도를 하여야 겠다고 마음속으로 다짐을 하였지만, 이 세상의 많은 자식이 그렇듯, 나 또한 그 다짐을 온전히 실행하지 못했다. 내가 직장을 갖고 결혼하고 나서야 부모님을 모시게 되었는데, 그때 내 나이는 서른이 훌쩍 지나 있었고 부모님은 이미 연만年晩하신 후였다. 그나마 아버님은 채 2년을 모시지 못하고 돌아가셨다. 조금만 더 사셨다면 그토록 바라시던 손자를 아버님 당신 품에 안겨 드릴 수 있었는데 말이다. 첫 아이 고은이가 너희 어머니의 뱃속에 7~8개월의 태아로 자라고 있었을 때 아버님이 돌아가셔서, 지금도 그것이 가슴이 아프도록 안타깝구나.

　내가 기껏 효도한다는 것도 용돈 몇 푼 드린 것이 전부였던 것 같다. 지금에 와서 돌이켜 보면 잘한 것은 하나도 없고, 못한 것만 생각나는 불효한 자식이 되고 만 것 같구나.

　내가 서울에서 공부하던 대학생 시절 시골 가정집

에는 전화가 없었다. 그래서 내가 잘 지내는지 궁금하셨던 아버님께서는 내게 한 달에 한 번씩은 집에 왔다 가라고 말씀을 하셨다. 그런데 아버님은 나를 보고 싶어서 그리 말씀하셨을 것인데, 그러한 아버님의 마음을 헤아리지 못하고 나는 그저 바쁘다는 핑계로 명절 때나 생신 때에만 아버님을 찾아뵈었다.

훗날 아버님이 병상에 누워 계실 때, 태조(이성계)의 능이 있는 동구릉에를 가보고 싶다고 하셨다. 나는 아버님이 왜 동구릉에 가보고 싶다고 하셨는지 이유를 몰라 조금은 뜬금없었지만, 아프신 몸이었기에 기력을 회복하시면 모시고 가겠다고 했는데 끝내 회복하지 못하시고 돌아가셨다. 그때 그 말씀을 듣자마자 모시고 가지 못한 것이 못내 후회스러웠다.

아버님이 돌아가시고 나서 얼마 지나지 않아, 어렸을 때 아버님에게 들었던 이야기가 불현듯 생각이 나더구나. 그 이야기는 효에 관련된 것이었다.

옛날에 어떤 부부가 가난한 살림에 아이를 키우면서 노모老母를 모시고 사는데, 먹을 것을 노모老母에게 드리면 드시지 않고 손자에게 먹이시는 것이었다. 이에 부부가 머리를 맞대고 고민하였다. 고민을 거듭한 끝에 부부는 자식은 또 낳을 수 있지만, 어머니는 돌아가시면 그만이니 아이를 산에 묻기로 합의하고 구덩이를 파고 있는데 옥돌로 된 종鐘이 땅속에서 나오더라는 것이었다.

　　이에 부부가 생각하기를 이 아이를 살리는 것이 하늘의 뜻인 것 같다며 종을 가지고 다시 집으로 돌아왔다. 그리고 종을 처마 밑에 매달아 놓으니 바람에 흔들리며 맑고 고운 소리를 냈는데, 동네 사람들은 이 세상에서 가장 아름다운 소리를 내는 종鐘이라며 모두 신기해하였다. 이 신비한 이야기는 널리 퍼져 임금님의 귀에까지 들어가게 되었는데, 임금님은 그 부부가 옥으로 된 종鐘을 갖게 된 사연을 듣고는 그 부부의 효성을 치하하여 곡식을 많이 하사하셨다. 그리하여 부부는 살림이 넉넉해져 노모老母도 잘 모시고 아이도 잘 기를 수 있게 되었다는 이야기였다.

　　요즘 시대에는 부모를 살리기 위해서 자식을 버린다는 이야기는 누구도 공감하기는 어려울 것이다. 아버님이 내게 들려주신 이야기도 효를 위해서는 자식을 버려도 된다고 생각하신 것은 당연히 아닐 것이다. 효를 강조하다 보니 극단적인 상황을 설정한 이야기가 전해진 것이라고 본다.

조선왕조실록에는 자신의 손가락을 잘라 수혈하여 부모의 병을 치료한 극단적인 방식으로 효를 실천한 사례도 기록되어 있더구나. 오늘날의 젊은 세대에게 효孝를 고리타분한 전통의 하나로 여겨지게 하는 이야기이지만, 말 그대로 극단적인 사례일 뿐이다. 부모에게 효도하는 것은 인간으로서 기본적인 도리라고 본다.

풍수지탄風樹之歎이란 나무가 조용히 있고자 하나 바람이 멎지 않고, 자식이 어버이를 모시고자 하나 기다려주지 않는 데서 오는 한탄이란 뜻으로, 효도를 다하지 못한 채 어버이를 여읜 자식의 슬픔을 이르는 말이라 하는데, 나도 나이를 먹어 갈수록 이런 슬픔으로 남몰래 눈물을 흘리게 되는구나.

영국의 역사학자 토인비는 한국의 효사상과 가족제도 등의 설명을 듣고, 눈물을 흘리며 한국의 효 사상은 인류를 위해서 가장 필요한 사상이라며 서양에도 효 문화를 전파해 달라고 부탁했다고 한다. 토인비가 왜 그런 부탁을 했는지 생각해보는 하루가 되길 빌어본다.

안녕!

이수원을 말한다 (문집 발간을 축하하며)

"형님 건강은 어떠세요? 오랫동안 격조했습니다."

서울에서 병원운영을 하는 후배의 전화다.

"원장의 밝은 음성을 들으니 내 정신이 맑아지는 것 같네. 요즘도 환자를 돌보시나?"

"천직인데 어쩝니까."

"청춘이시군, 자신의 건강도 챙기셔야지. 좋은 일이 있으신가?"

"아직은 건강합니다. 기다리는 환자가 있으니 문을 열어 놔야죠. 좋은 일은 아니고 제가 이번에 책을 내게 되었습니다."

문집을 만든다며 나에게 격려의 글을 써 달라는 부

탁이다. 중학교 때부터 자신을 잘 알고 있는 사람은 선배밖에 없으니 거절하지 말고 꾸중이라도 좋으니, 한마디 해달라는 말이 내가 거절할 수 없게 단호하다.

후배는 가평 가이사 중학교 1학년 때부터 브라스 밴드 'Kaiser'의 후배다. 처음 그에게 주어진 악기는 작은 북이었다. 얌전하고 영특하게 생긴 소년은 악대원 중에 막내로 선생님과 선배들의 사랑을 받는 꼬마였다.

군청 소재지 중고교에서는 보기 드물었던 브라스 밴드는 피리와 북으로 출발한 고적대로 빈약한 악대였지만, 창설 1년 만에 관악기 6인조 밴드로, 2년 만에 24인조 밴드로 성장했다. S대학교에서 작곡. 기악을 전공한 총각 선생님의 열정이 경기도에서 이름이 알려진 학교 밴드를 키운 것이다.

학교 성적도 훌륭하고 음악적 재능도 있었던 '북치는 소년'에게 음악 선생님은 클라리넷과 벨(Bell) 이라고 부르는 실로폰(Xylophone)도 맡겼다. 재능이 충만했던 소년은 플루트나 피콜로같이 고음 악기의 어렵고 복잡한 악보도 쉽게 익혔고, 밴드의 행진 때에는 악보를 보지 않고도 실로폰을 두드렸다.

　　재미있는 일화가 있다. 그의 연주 솜씨에 감탄한 교감 선생님이 "너는 악보를 보지도 않고 그냥 막 두드리는 거 아니냐?"고 우스갯소리로 후배에게 칭찬 아닌 칭찬을 하시어 주위를 웃겼다.
　　나는 당시에 악기장을 맡고 있었기 때문에 연주 후에 대원들에게 자신의 악기를 닦도록 했다. 그럴 때마다 소년은 자신의 악기뿐만이 아니라 동료의 악기 청소를 함께 해주었다.
　　매사에 솔선수범하는 귀염둥이였다.

*

세월이 껑충 뛰었고 나는 군 복무 후 복학생으로 졸업, 언론 말석에서 정신없이 뛰어다니는 신문쟁이로 변신해 동분서주하며 시간을 쪼개고 있었다.

　　내가 언론계에 입문해 교육계를 출입하던 병아리 기자 시절이다.

신임 강원도 교육감이 도내 교육계를 순시 (그때는 '방문'을 '순시'로 표현했다.)할 때 수행 취재를 했다. 교육감이 평창 시내 모 고등학교를 순시할 때 음악 선생님과 재회했다. 뜻밖이었다. 얼마나 반가운지 도열한 교사들과 악수하는 교육감 옆으로 다가가서

　　　"제 고등학교 때 은사님이십니다."

　　　"그래요? 제자를 잘 지도하셨습니다." 교육감은 선생님의 손을 다시 잡으면서 치하의 인사를 전했다.

　　　그날 밤 선생님을 모시고 주재 기자와 함께 밤새도록 얘기꽃을 피우며 술잔을 기울인 기억이 새롭다. 그분은 강원도로 전출, 3~4개 고교의 밴드를 창설할 정도로 강원도 학생 음악교육 발전을 위해 일조한 숨은 공로자라고 감히 말할 수 있다.

　　　Kaiser 밴드에서 워싱턴 포스트, 블랙잭 마취 등 행진곡과 행사 연습곡 등을 익히기 위해 학교 강당 지하 연습실에서 합숙 훈련 때의 추억을 기억하고 있을 것이다.

　　　저녁 연습을 끝내고 선생님은 우리를 위해 제니스 전축을 빌려 설치해 놓고 슈만의 트로이 메라이를 들려주며 감상능력을 키워주셨다. 쇼팽, 베토벤 등 대가의 음악을 익히게 한 선생님을 오래 기억하고 있을 것이다.

*

    어린 시절에 내가 만난 북 치는 소년은 책임감 있고 공부를 잘하며 대인관계도 원만해서 인기가 있는 학생이었다.
    그런 학생이 나의 후배이고 의사이다. 이수원 후배가 환자를 돌보는 현역 의사임이 자랑스럽다. 지인들에게 은근히 자랑하며 우쭐해진다.
    후배는 교직을 떠나 인천에서 노후를 보내시는 선생님의 주치의가 되었으니 얼마나 든든한 제자였을까. 후배의 스승을 존경하는 마음이 따뜻하게 전해왔다.

    지금의 이수원은 성공적인 삶을 살고 있다.
    노년이 늙어가는 것이 아니라 익어가고 있음을 오늘에 보여주는 동네 의사다.
    하나님을 섬기는 후배는 어머니의 영향을 받아 장로의 직분에 올랐다. 후배의 바르고 착한 심성과 신앙심이 오늘의 이수원을 있게 했다고 생각한다.
    그리고 이수원은 여전히 음악을 사랑한다.
    몇 년 전부터 그는 좋은 음악을 만나면 잊지 않고 나에게 음반을 보내오고 있다. 이 지면을 통해서 고마움을 다시 전한다.

*

미국에 있는 혜원, 성호 아들 며느리 부부에게 애정이 담긴 편지를 꾸준히 띄우는 아버지의 정성에 감동한다. 첫째 (연재)를 임신한 태중의 며느리에게 보내는 걱정 어린 편지는 구구절절 사랑이 넘친다. 태평양 건너에 전해지는 아버지의 마음에 애틋함이 진하게 묻어난다.

그동안 아들 며느리에게 보낸 편지는 며느리가 태중이어서 손자에게 하고 싶은 마음을 아들 며느리에게 대신 띄운 할아버지의 마음이었다.

어버이날을 앞두고 자녀들에게 태평양을 건너는 수년간의 편지를 묶어 몇 년을 벼르다가 책을 만든다는 후배는 부모님으로부터 물려받은 사랑과 가족의 귀중함을 전하는 메시지가 됐으면 좋겠다는 것이다.

후배의 아름다운 문집 발간을 진심으로 축하한다 아울러 동문으로 함께한 청소년 시절의 'Kaiser 밴

드'의 아름다운 추억을 하나씩 창고에서 끄집어내 상상으로 본다

내외분과 가족의 건강 행복을 기원합니다

이수원 후배의 문집은 사랑의 창고다.

춘천 국사봉 아랫동네
김근태가 씀
(수필가. 전 강원일보 이사. 논설위원. 국장)

2024년 5월

종이 비행기에 사랑을 보낸다

초판 1쇄 인쇄 | 2024년 9월 2일
초판 1쇄 발행 | 2024년 9월 9일

지은이 | 이수원
발행인 | 김태웅
마케팅 총괄 | 김철영
제 작 | 현대순

발행처 | (주)동양북스
등 록 | 제 2014-000055호
주 소 | 서울시 마포구 동교로22길 14 (04030)
구입 문의 | 전화 (02)337-1737 팩스 (02)334-6624
내용 문의 | 전화 (02)337-1763 이메일 dybooks2@gmail.com

ISBN   979-11-7210-068-1   03810
ⓒ 2024, 이수원

▶ 본 책은 저작권법에 의해 보호를 받는 저작물이므로 무단 전재와 복제를 금합니다.
▶ 잘못된 책은 구입처에서 교환해드립니다.
▶ (주)동양북스에서는 소중한 원고, 새로운 기획을 기다리고 있습니다.

http://www.dongyangbooks.com